战后英国文化外交研究

The Study of British Cultural Diplomacy
After World War II

汲立立 著

中国文联出版社
http://www.clapnet.cn

图书在版编目（CIP）数据

战后英国文化外交研究/汲立立著.--北京：中国文联出版社，2019.10

ISBN 978-7-5190-3869-4

Ⅰ.①战… Ⅱ.①汲… Ⅲ.①文化交流—对外政策—研究—英国—现代 Ⅳ.① G156.15

中国版本图书馆 CIP 数据核字（2019）第 223498 号

战后英国文化外交研究

作　　者：汲立立	
终 审 人：奚耀华	复 审 人：曹艺凡
责任编辑：邓友女　王海腾	责任校对：蒋凯军
封面设计：申爱芬	责任印制：陈　晨

出版发行：中国文联出版社
地　　址：北京市朝阳区农展馆南里 10 号，100125
电　　话：010-85923078（咨询）85923000（编务）85923020（邮购）
传　　真：010-85923000（总编室），010-85923020（发行部）
网　　址：http://www.clapnet.cn　　　　　http://www.claplus.cn
E - mail：clap@clapnet.cn　　　　　wanght@clapnet.cn

印　　刷：中煤（北京）印务有限公司
装　　订：中煤（北京）印务有限公司
法律顾问：北京市德鸿律师事务所王振勇律师
本书如有破损、缺页、装订错误，请与本社联系调换

开　　本：710×1000	1/16
字　　数：175 千字	印　　张：14.5
版　　次：2019 年 10 月第 1 版	印　　次：2019 年 10 月第 1 次印刷
书　　号：ISBN 978-7-5190-3869-4	
定　　价：35.00 元	

版权所有　翻印必究

目 录

导 论	001
第一章 核心概念的考证及界定	015
第一节 文 化	015
第二节 文化与外交	034
第三节 文化外交	043
第二章 英国文化结构辨析	058
第一节 理性主义	058
第二节 自由主义	063
第三节 保守主义	072
第四节 功利主义	078
第五节 宗教文化	086
第三章 英国文化外交的运行机制	093
第一节 英国文化外交相关机构	093
第二节 英国文化外交主要构成	102

第四章　战后英国文化外交发展轨迹　　134
第一节　"三环外交"借重文化以弥补衰落　　134
第二节　"新英国"创意文化以重塑形象　　149
第三节　"公共外交"整合文化以提升实力　　162

第五章　英国文化外交经验及启示　　176
第一节　英国文化外交的实践经验　　176
第二节　英国文化外交对中国的启示　　186

结　论　　196

附　录　　198

参考文献　　203

后　记　　224

导 论

二战结束至今，英国外交政策主动或被动地演变着，我们可以从政治、经济、安全、国际环境等许多方面解释其深层次的原因。英国文化外交对于维护英国的国家形象和国家利益发挥了重要的作用，从理论和实践两个方面丰富了大国文化外交的研究。系统分析英国的文化外交政策有助于我们从中学习有价值的经验规律，推进中国文化外交方略的完善和成熟。本书选择了以文化为切入点，尝试探讨英国不同时期外交政策内部蕴含着的那些稳定的和持久发挥作用的文化因素。一方面，文化具有穿越时代、改变世界的力量，研究文化与外交政策的关联有助于更好地理解国家行为的价值观原因；另一方面，英国战后的一系列外交政策可以很好地诠释英国与国际社会的文化互动和碰撞。通过对英国文化外交脉络的梳理和研究，在理论性的概念分析和实践性的经验梳理的基础上，尝试提炼大国文化外交内在的规律和现象背后的通则。

一、选题的由来

国家对外政策研究历来是国际政治研究的重要领域，大国外交政策又是影响国际社会和国际格局的关键。"落日帝国"英国在实力衰落之后的积极应对可以很好地诠释文化与外交、文化与国际政治的关系。分析英国文化外交政策的基本轨迹有助于我们提炼出国际政治视野内的文化具有哪些特性；文化特性如何形成影响外交模式的内在规定性；文化对外交的规定性如何解释国际行为稳定性；最终从中提取启发性意义的国家文化外交通则。

首先，文化因素在战后成为国际关系新的分析工具。本书试图从理论上理清在国际政治语境下文化的独特含义，探索文化因素在外交政策制定过程中的角色，管窥文化在一国外交体系中的位置。20世纪20年代，美国社会学家罗伯特·帕克就曾指出，"或许可以被认为是国际关系和种族关系的一个新的维度，它不是政治，也不是经济，而是文化"[1]。传统的外交政策研究和研究主题，如经济外交和军事外交，在解释一体化日益深化的国际事务时出现了论证的乏力和解释上的空白。"被传统的国际关系理论所忽视的文化因素，在国际关系中发挥着举足轻重的作用，而且其作用愈益增强。"[2] 本书以此为视角，论述文化是如何影响国家外交政策，并以战后英国文化外交为例，论述大国的文化外交政策的价值观驱动机理、文化政策制定执行机制、文化外交政策互动效果。

20世纪80年代，伴随西方批判理论的兴起，文化因素开始被列入国际政治研究的重要变量。批判理论强调人对于知识的创造力，人对于历史的解释力。"如果没有适当的知识形式把主权表述清楚，主权便不存在，也就失去组织政治现实的能力；同样，如果没有适当的主权形式，知识也就失去组织探索领域和确立真理标准的能力。离开了政治和历史的背景，离开了时间和空间，就无法总结知识。"[3] 从此，文化不再仅仅代表强权国家的输出、殖民和压迫，文化成为

---

[1] ［美］孔华润主编：《剑桥美国对外关系史》（下），王琛等译，北京：新华出版社2004年版，第105页。

[2] 俞新天等：《强大的无形力量：文化对当代国际关系的作用》，上海：上海人民出版社2007年版，第1页。

[3] J.Bartelson, *A Genealogy of Sovereignty*, Cambridge University Press, 1995, p.36。

国际外交政策的知识背景和精神历史。二战结束以来，国家间软实力竞争日益激烈，文化逐步成为考量国际外交行为不可忽视的变量。"研究一个国家特别是大国的外交政策，必须联系该国的政治传统、价值观念以至广义上的文化进行考察。"[①]

其次，二战结束以来，文化外交在提升国家软实力方面的作用日益得到重视。"文化外交（Cultural Diplomacy）是指由一个国家的政府或者经政府授权或委托的非政府组织和民众所开展的，以文化传播、交流和沟通为主要内容，意在达到特定政治目的和对外战略意图的外交活动。"[②] 随着各国频繁的文化交流与合作，文化外交所蕴含的战略价值成为国际关系学者新的关注点。特别是在美国教授塞缪尔·亨廷顿提出"文明冲突论"，以及约瑟夫·奈提出"软实力"的概念以来，更是开启了对于国家软实力以及国家文化外交政策研究的时代。在全球化的语境下，文化间的碰撞和交融已经是一种客观存在，文化资源和价值观吸引力成为各国国家利益重要构成部分。积极有效的文化外交可以很大程度上提升本国的软实力，同时改变国际环境，进而拓展其国家价值观的影响范围。因此，文化外交作为传统政治外交、经济外交、军事外交的补充部分，具有学理上的意义和实践中的作用。

第三，英国拥有悠久的文化外交传统，独特的风格和形式可以作为大国文化外交的典型案例进行分析。从文化的视角分析世界各国特别是大国的外交政策机制，可以为和平发展的中国提供有借鉴价值的经验素材。英国以实力为基础，一直扮演着输出影响力的角色。当实力雄厚时，这种影响力表现为殖民能力、市场开拓能力、

---

① 王缉思：《美国外交思想传统与对华政策》，载《中美关系十年》，北京：商务印书馆1989年版，第130页。
② 赵可金：《公共外交的理论与实践》，上海：上海辞书出版社2007年版，第239页。

资源获取能力；当实力衰落时，英国又转而注重文化的输出能力和覆盖能力，借此来维持其大国形象和国际地位。二战结束以来，国际主要力量进行了新一轮排列组合，英国积极主动地重新思考和定位自己的国家利益和外交重点，通过制定和实施文化战略竭力保持其在国际社会事务中的影响力。从这种"软硬兼施"外交政策所取得的良好效果来看，英国的文化外交方略具有值得参考的合理成分，可以为我国未来文化外交提供有益的启示。

因此，鉴于大国文化外交的实践模式普遍处于摸索阶段、文化外交的理论体系尚在不断构建完善之中，进一步深入研究文化外交的思想基础、逻辑形式、特征动因等可以更加全面分析、解释国家的行为模式，甚至对某些外交反应做出预测。本书以英国文化外交为例，试图努力使文化外交这一复杂的外交模式更加清晰或者更加具有操作性；合理强调文化外交在国际政治中的地位和作用；进一步发掘文化外交内涵的软性的权力和资源。

二、研究现状评述

英国在欧洲和世界国际政治舞台上都堪称独具特色的重要国家：她曾经登上世界权力的巅峰，创造了光辉的"大英帝国"；她也曾经历因实力衰落交出霸主地位的无奈；今天的英国仍然是国际社会举足轻重的成员之一，在国际事务中扮演不可忽视的角色。本书截取二战后至今作为研究时段，整理分析英国在这一时期的文化外交，以及受到文化深刻影响的外交形式和效果，总结提炼英国文化外交中的文化根源和现实意义。本部分将围绕国内外文化外交研究现状进行梳理。

（一）国外研究现状

首先，西方学术界对于文化外交研究起步较早，成果也颇为丰富。其中最有影响也最有争议的应当是美国学者塞缪尔·亨廷顿1997年出版的《文明的冲突与世界秩序的重建》，之前他还在美国著名的《外交》季刊上连续发表了题为《文明的冲突？》及《不是文明冲突又是什么？》等文章。亨廷顿相继出版了一系列阐释文化与国际关系的著作，如亨廷顿与彼得·伯杰主编的《全球化的文化动力：当今世界的文化多样性》、亨廷顿等主编的《文化的作用》等。这些成果从不同的角度探讨了文化与当今国际问题的联系，掀起了文化和文明比较研究的热潮，为解释国际政治提供了一个全新的视角，间接地涉及文化外交研究。

这方面的代表性著作还有，迈克尔·H.亨特在《意识形态与美国外交政策》中指出，美国对外文化宣传中带有"强烈的千年盛世情结。这一情结铸就了这个国家，使它向人类承担特殊责任，担当起救世主的角色"，"认为自己的种族处于中心地位，这就是他们的世界观"，而正是这种价值观深刻影响了美国的对外政策。迪特·森格哈斯的《文明内部的冲突与世界秩序》是对亨廷顿"文明冲突论"的思考和再分析，提出"跨文化哲学"和"跨文化对话"等问题，用带有启发性的哲学性的视角分析当代世界政治格局背后的文明因素。英国学者阿尔温·汤林森所著《文化帝国主义》试图揭示意识形态和文化价值观的话语权在国际社会是被不平均分配的，第三世界国家的民族文化处于文化大众传媒的弱势地位。此外还有美国学者大卫·巴拉什和查尔斯·韦伯合著的《积极和平》、理查德·T.安特撰写的《国王的第一手段：20世纪美国文化外交》等。

其次，有部分研究是以将理论和实践相结合为特征，这部分学者多有从事相关涉外工作的经验，这类著作更加明确地将文化与外交结合起来，作为一种对外交往手段和行为范式加以研究。如，美国负责对外教育与文化事务的前助理国务卿菲利普·库姆兹撰写的

《对外政策的第四层面：教育与文化事务》(The Fourth Dimension of Foreign Policy: Educational and Culture Affairs) 很早就注意到将文化和外交结合起来进行分析，历史地分析文化外交运作机制和实践中的功能。曾供职于英国文化委员会从事文化外交的英国外交官 J.M. 米切尔 1986 年出版的专著《国际文化关系》(International Cultural Relations)，这本书最有学术价值的部分是他对英国、美国、日本、德国、法国的文化外交进行了比较分析。特别是在核心概念的界定方面，系统地论述了文化、文化外交、文化关系、文化宣传之间的区别和联系。可以说，这本书比较完整地阐述了文化关系领域涉及的重要的概念和方面，具有相当的理论开创贡献。

美国国务院退休外交官鲁斯·麦科姆雷和穆纳·李两人在 1947 年合写的《文化方式：国际关系中的另一种途径》(The Cultural Approach: Another Way in International Relations)；美国著名学者费正清的夫人费慰梅女士曾任美国驻华大使馆第一任文化专员，她总结自己在中国从事文化教育交流工作所见所闻所感，利用第一手资料整理出版了《美国在中国的文化试验：1942—1949》(American Cultural Experiment in China: 1942—1949)；美国纽约著名外交史学家弗兰克·A. 宁柯维奇的专著《思想外交：美国对外政策与文化关系（1938—1950）》(The Diplomacy of Ideas: U.S. Foreign Policy and Cultural Relations: 1938—1950) 和他另外一部研究美国文化外交的专著《美国信息政策和文化外交》(U.S. Information Policy and Cultural Diplomacy)，这两本书都对美国文化外交关系做出了比较中肯的反思，特别是第二本书分析了冷战期间美国政府为何将公共外交置于文化外交之上，这一决策背后的历史背景和现实影响。曾任负责国家安全事务的助理国防部长约瑟夫·奈的论文《重新界定国家利益》和著作《美国定能独霸世界吗？》明确提出文化扩张和文化权力在当今国际社会引发激烈竞争，文化外交比以往任何时候都更有影响力等。

再次，还有一部分学者试图构建完整的国际文化理论，如1996年日本东京大学的国际关系研究学者平野健一郎出版了其长期研究的文化关系成果《国际文化理论》，该书提出了系统的国际文化理论，包括文化基础论、文化摩擦论、文化交流理论、涵化理论等。他指出，所谓国际文化至少包括以下四个方面：1.文化与异文化之间的关系；2.国际关系中的文化侧面；3.国际性的文化关系；4.国际文化。[①]美国《华盛顿季刊》主编迈克尔·麦哲发表的论文《文化与国际关系》中总结了迄今存在过的文化与国际关系联系的五种模式："第一，文化是生活的技能；第二，文化是认识的过滤器；第三，文化是社会经济的构架；第四，文明冲突论；第五，文化影响力日益衰落"。法国学者路易·多洛在《国际文化关系》一书中系统论述了国际文化交流在一国对外事务中扮演的角色。他指出，20世纪以来，尤其是第二次世界大战以后，随着现代大众传播媒介的发展和信息传播的日益便捷，以及经济全球化的不断深入发展，国际文化交往也趋于频繁、密切，内容也日趋丰富。在这些跨国界的文化交流中，除了以民间的形式展开外，很大部分在国家政府指导下展开，从而逐渐成为当代国家总体外交的重要组成部分。正是由于对外文化交流活动日益走向国际交流舞台的中心，国家的外交活动领域得以大大拓展，不再局限于传统的政治、经济、科技和军事领域，而深入到文化领域中。[②]

美国史学家入江昭教授在《文化国际主义与世界秩序》一书中，

[①] 转引自李廷江：《探索国际关系的新视角——平野健一郎和他的国际文化理论》，载《国外社会科学》1997年第2期，第38页。

[②] ［法］路易·多洛：《国际文化关系》，孙恒译，上海：上海人民出版社1987年版，第1页。

从国际关系的文化层面和文化与世界秩序的关系互动的角度,提出了文化国际主义理论。他认为,文化就是"记忆、意识形态、情感、生活方式、学术和艺术作品以及其他符号象征的制造和传播"。文化取向就是在观察国际事务时把国家看作是一个文化体,把国家间关系看作是不同国家(民族)的"意识形态、传统、情感和其他文化产品相互影响和相互作用的关系"。国际关系就是文化间关系(intercultural relations),也就是"两种或两种以上的文化之间直接和间接的互动"。书中将文化国际主义界定为"旨在通过思想和人员的交流,通过学术合作或通过有助于跨国家间理解的种种努力把各国家和人民联结在一起的各种各样的活动"。[1]《外交史》杂志书评称该书"提供的跨文化和敏锐的分析使入江昭成为当代最杰出的历史学家之一"。入江昭、弗兰克·A.宁柯维奇和罗伯特·戴维·约翰逊三人被誉为美国文化国际主义和文化外交史三大历史学家。

(二)国内研究现状

国内学术界对于文化外交研究起步较晚,并多是追随美欧国际关系研究学者对该领域的研究轨迹。主要从以下几个角度展开研究。

首先,以文化和价值观概念和理论为基础,分析国际文化战略意图。其中代表作有南开大学的王晓德教授所著的《美国文化与外交》,这本书是国内研究大国文化外交具有开创性意义的成果。作者从历史入手,深刻分析了美国外交的文化渊源,提出文化对于一国的对外政策目标、对外政策手段、外交风格和模式都发挥巨大影响。特别是外交决策主体,即代表国家利益的精英团体更是深受既定文化价值观的影响,并在政策制定和执行过程中有意识或者无意识地将这些理念贯彻体现出来。王晓德教授对美国文化外交的案例研究

---

[1] 入江昭:《文化国际主义与世界秩序》(Akira Iriye, *Cultural Internationalism and World Order*),Baltimore: The Johns Hopkins University Press,1997,p.3。

为国内大国文化外交研究开创了研究方法和视角的先河，特别是其对美国文化价值观的深刻剖析，对美国外交实质的准确把握，使得这本书成为国内文化外交研究领域颇具分量的著作。

此外，俞新天等的《强大的无形力量：文化对当代国际关系的作用》从两个层次研究文化对当代国际关系的作用。第一个层次是国际体系的层面。传统国际关系理论以实力和利益作为分析的出发点，而国际文化研究的基本分析单位是文化观念，特别是文化价值观。当文化观念得到国际集体认同时，就会对国际体系发生作用。如果国际社会认同先进的文化观念，就能促进国际体系的进步；相反，某些国家、组织和群体认同错误的观念，就会对国际体系产生消极的影响。文化对国际关系作用的第二个层面是国家外交的层面。任何一个国家的外交都不仅受到国家利益的驱动，而且受到独特的文化价值观的影响。文化对于外交决策者的认识、决策目标和决策程序，都有超乎想象的作用。文化对于广大民众的认识即民意也是至关重要的。

另一本非常重要的著作是由计秋枫和冯梁等合著的《英国文化与外交》一书，该书尝试对位于欧洲却又不属于欧洲的英国的外交政策演变做出解释，提出探究基于文化传统的英国国民性或许能提供一些更深的启示。从一定意义上说，该书可以看作一本别具一格的英国外交史，从英国外交的历史进程中展示文化因素在各个时期的不同影响所在，梳理了英国文化与外交相互联系的发展脉络。[①] 作为国别文化外交研究，详细介绍了英国外交的人文历史背景，将文化与英国外交有机结合在一起，是大国文化外交研究领域，特别是英国文化外交研究的代表性成果。其他著作还包括潘一禾的《文化

---

① 计秋枫、冯梁等：《英国文化与外交》，北京：世界知识出版社2002年版，第29页。

与国际关系》，张骥、刘中民等的《文化与当代国际政治》，朱威烈主编的《国际文化战略研究》等。

其次，从文化交流和传播媒体入手，分析一国文化外交的运行机制。其中，李智所著的《文化外交：一种传播学的解读》一书提出，人们在看待世界政治、处理国际事务时，会在很大程度上受制于他们所处的文化背景和环境。一个国家的民众往往共同分享和维系着体现他们国家文化特质的"集体（无）意识"——理想、信仰、梦幻、价值、观念、思想、记忆等。研究大国，尤其是有着深厚文化传统的大国的对外政策，不可不深究其文化。[①] 该书从文化入手，着重分析了全球化时代国家或者非国家行为体之间更加深入地进行着互动性的文化传播。通过传播，国别文化不断上升为国际社会共享的共有知识和观念。这是国内学者第一次在既有成果基础上比较全面地对文化外交的传播理论进行学理上的界定，具有相当的理论创新性。

刘乃京《文化外交：国家意志的柔性传播》也是从文化传播的视角切入，评析文化与国家利益、文化与国家外交政策的关系。她认为，构成文化关系的主要因素包括人员交流、教育交流、科学与技术、文学、艺术、语言教学、图书、信息服务、不同社会团体或机构之间的联系等。文化关系的实施机构可以是私人组织，如基金会、学术团体、宗教机构、商业机构等，也可以是官方组织。前者为民间的文化关系，后者为官方的文化关系。她主张文化外交的驱动器也是国家的政治经济利益。文化外交指的是国家运用各种文化手段推进其对外政策的实施。如何在对外交流中不露痕迹地推销自己的外交政策，以取得国外公众的理解与支持，不似宣传，胜似宣

[①] 李智：《文化外交：一种传播学的解读》，北京：北京大学出版社2005年版，第7—8页。

传，这正是文化外交所追寻的最高境界之所在。① 此外，还有刘国平的《美国民主制度输出》、单波的《跨文化传播的问题与可能性》、韩召颖的《输出美国：美国新闻署与美国公众外交》、李岩的《传播与文化》、周琪主编的《意识形态与美国外交》、庄晓东主编的《传播与文化概论》等著作。

最后，国内涉及文化外交比较有影响力的学术文章主要有：王缉思教授将当时发表的回应亨廷顿的28篇代表性文章编辑成书《文明与国际政治：中国学者评亨廷顿的文明冲突论》、周永生：《冷战后的日本文化外交》（《日本学刊》1998年第6期）、李智：《试论美国的文化外交：软权力的运用》（《太平洋学报》2004年第2期）、李智：《论文化外交对国家国际威望树立的作用》（《学术探索》2004年第10期）、杨鸿玺：《传承中华文化独特魅力的文化外交》（《当代世界》2005年第3期）、李新华：《美国文化外交浅析》（《思想理论教育导刊》2004年第11期）、胡文涛：《美国早期文化外交机制的建构：过程、动因及启示》（《国际论坛》2005年第4期）、金元浦：《美国政府的文化外交及其特点》（《国外理论动态》2005年第4期）、杨友孙：《美国文化外交及其在波兰的运用》（《世界历史》2006年第4期）、张清敏：《全球化环境下的中国文化外交》（《外交评论》2006年第1期）。

最近几年的论文成果有：胡荣荣：《话语权与文化外交》（《世界经济与政治论坛》2008年第5期）、吴咏梅：《浅谈日本的文化外交》（《日本学刊》2008年第5期）、姚奇志和胡文涛：《日本文化外交的观念变革与实践创新——以国际形象的建构为中心》（《日本学刊》2009年第5期）、孙艳晓：《文化外交的过程与成效评估：及对中国

---

① 刘乃京：《文化外交：国家意志的柔性传播》，载《新视野》2002年第3期，第66页。

文化外交战略的思考》(《南方论刊》2010 年第 8 期)、胡文涛和招春袖:《英国文化外交:提升国家软实力的成功之路》(《太平洋学报》2010 年第 9 期)、简涛洁:《霸权文化与文化威胁:美国文化外交及其对中国和世界的影响》(《太平洋学报》2011 年第 6 期)、李德芳:《英国文化外交的世界影响力》(《当代世界》2012 年第 4 期)等。

以此作为专题的代表性学位论文有:朱全红:《美国多元文化外交政策及其历史演变研究》(2004 年)、缪开金:《中国文化外交研究》(2006 年)、彭新良:《文化外交研究》(2006 年)、胡文涛:《美国对华文化外交的历史轨迹与个案分析》(2006 年)、徐建秋:《英国文化与战后英国外交》(2006 年)、徐波:《当代英国海外英语推广的政策研究》(2009 年)、温利鹏:《英国文化外交及其在中国的运用》(2009 年)、陈淑荣:《英国对华文化外交和文化关系研究(1919—1945)》(2009 年)、胡婷婷:《英国的公共外交(1997—2009)》(2010 年)、简涛洁:《冷战后美国文化外交及其对中美关系的影响》(2010 年)、崔建立:《冷战时期富布莱特项目与美国文化外交》(2011 年)等。

综上所述,国内外对于文化外交的研究已经取得相当的成果,同时存在值得深入和完善的地方。其一,对案例研究的理论分析不足。目前尚没有建立起完整的文化外交理论体系,因而在学理的深度上稍显单薄。学者通常利用既有的比较成熟的理论作为工具和视角来分析文化外交的运行机制,比较具有代表性的就是李智的《文化外交:一种传播学的解读》,就是利用传播学的理论分析国际文化关系。其二,就笔者统计的著作和论文来看,目前的成果主要集中于对美国文化、意识形态、文化外交决策机制的阐释,因而在国际文化外交研究领域出现了严重的重心失调现象。而以中国、英国、法国、德国这些拥有悠久文化历史的大国,或者以韩国、日本、新加坡等有着鲜明文化外交特色的小国为中心的文化研究成果，无论是著作的数量、选题的深度、涉猎的议题等方面都存在严重的不足。所以，拓宽研究对象的范围、打开研究视角，对于推进文化外交研究具有相当的理论和现实意义。其三，对核心概念的理解存在不足，对于相似概念如文化、文化关系、文化宣传、文化外交、公共外交等的区别和联系尚没有统一的界定。这就导致了文化外交理论、国际文化理论的不完整和不系统。通过分析国内外文化外交研究现状可以看到，关于文化外交的研究仍然处于起步阶段，如果打开研究思路、创造新的研究范式，这一研究领域尚存可以进一步提升的空间。

三、研究方法

第一，历史研究法。在梳理英国文化外交发展脉络过程中，需要对相关书籍、史料进行文献分析研究，如英国史、英国文化史、第一手的英国对外政策档案和数据等等。这是本书展开论述最为基础的依据，也是对历史唯物主义研究方法的遵循。

第二，概念分析法。本书从对文化、文化外交等核心概念的辨析切入，对概念的内涵、特征、应用进行学理层面的探索，较为系统地整理、比较、评析相关概念和理论。准确界定和把握核心概念的定义是本书的立论前提，也是本书的研究目标之一。

第三，比较分析法。鉴于本书的写作目标，需要将不同时期英国的文化外交政策进行比较分析，从中提炼英国文化对于外交持续稳定发挥规范性功能的因素；同时，也需要将中英两国的文化外交现状进行比较分析，以此为据对中国文化外交提出有针对性的科学评估和政策建议。

第四，层次分析法是研究国际政治问题比较有效的方法之一，特别是在分析结构复杂、影响因素多维度的议题时，层次分析方法可以使我们更加清晰地划分发挥作用各要素间的结构、联系和互动模式。具体到英国文化外交政策，在国民层面表现为独特的国民价值；在国家层面，表现为务实的国家价值取向；在国际体系层面，表现为制衡的国际体系定位。层次分析的目标是在理论性的概念分析和实践性的经验梳理的基础上，尝试提炼大国文化外交内在的规律和现象背后的通则。

四、创新和不足

一方面，本书的创新之处在于系统整体归纳既有的关于文化外交的研究成果，特别是对战后英国文化外交政策进行一次逻辑梳理。现有的研究成果或是以英国外交政策作为专题，或是单独探讨文化外交的理论和实践。本书试图综合历史和外交两门专业之长，进行跨学科的分析研究。根据笔者的文献回顾，国内尚无对战后英国文化外交进行完整论述的专业文献。本书试图竭力丰富该领域的研究成果之一隅，为构建更加成熟的大国文化外交政策贡献自己的绵薄之力。

另一方面，由于个人学术能力有限，研究经验尚需积累，所以在挖掘主题深度、逻辑建构严密程度、论据资料收集完整度、论证的准确性和充分性方面都需要做进一步的提升。特别是，做好英国文化外交政策研究需要更多地从实践中总结归纳大国文化外交的一般规律，需要接触大量的原始档案才能得出更加客观全面的结论，这些都成为本书在写作过程中遇到的很难解决的问题。如何更好地将理论和实践相结合，如何更有效地获得和利用研究资料，是做好进一步研究的努力方向。

第一章　核心概念的考证及界定

文化相对于经济、政治或者军事而言，具有更加隐性和弹性的范畴和外延，因此需要对文化的层次进行辨析，勾勒出文化的结构并明确本书所要研究的文化层次的位置和性质。"文化是作为群体思维、情感和信仰的方式、抽象和实际行为的方式、标准化的认知取向、对行为进行规范性调控的机制。"[①] 根据文化与外交的核心要素和分析范式，这里主要涉及的是价值观念、政治思想、意识形态、社会制度等层次的文化，在文化宏大的结构框架中准确定位分析目标。国家处理对外事务中体现的文化内涵指的则是一国民众集体分享或者继承的国民文化特质，国家对外行为体现出的信仰、价值、观念、传统，并从不同角度诠释该国文化的特征和内容。

第一节　文　化

文化概念的含义极其复杂。正是因为其极大的包容性，也容易造成歧义，这一概念变成无所不包的复合体。在中国，"文化"一词最早出现于《易经》中的"观乎天文，以察时变，观乎人文，以化成天下"，这里文化的含义是文治和教化。在西方，"文化"来源于

---

① ［美］克利福德·格尔茨：《文化的解释》，韩莉译，南京：译林出版社1999年版，第6页。

拉丁文，原意指对土地的耕作和对植物的培育。在国际关系领域，文化具有丰富的内涵和外延，成为国际事务中制约、塑造、影响国家行为的独特因素。

一、文化的基本含义

学界关于文化的界说数不胜数，由于其内涵和外延的不确定性，各种定义层出不穷，文化似乎无所不包、无处不在。文化的概念一直以来是宽泛和含糊的，英国学者泰勒1871年出版的《原始文化》中，首次将文化作为一个范畴加以定义，他将文化界定为人类社会的自然产物，是"一个复杂的整体，其包括概念、知识、信仰、艺术、道德、法律、习俗及作为社会成员的人所获得的能力和习惯"[①]。美国学者克洛易勃和克鲁克霍恩在1952年出版的《文化：概念和定义的考评》一书中就列举了164种文化的定义，并勉强地将文化定义为"一种源自行为的抽象概念"[②]。《中国大百科全书》给出的定义为："文化存在于各种内隐和外显的模式中，借助符号的运用得以学习和传播，并构成人类群体的特殊成就，这些成就包括他们制造物品的各种具体式样。文化的基本要素是传统，通过历史衍生和由选择得到的思想观念和价值，其中尤以价值观最为重要。"[③]

文化是一个多层次、多方面的复杂内容综合体。从广义层面上来说，文化用以区别人类社会与自然界的本质差异，文化标志着人类独特于一般动物的社会属性。人类创造的所有物质和精神财富都可以归为文化的含义之内，由物质、制度、知识、习惯、行为各个层面社会现象繁杂组合构成的社会系统在历史中累积成为文化。而

---

① 泰勒：《原始文化》，连树声译，上海：上海文艺出版社1992年版，第1页。
② 参见"文化的概念和成分"，《新大英百科全书》第16卷，1993年版，第874页。
③ 《中国大百科全书·社会学卷》，北京：中国大百科全书出版社1991年版，第409页。

狭义的文化则主要涵盖人类社会和人类历史中的精神创造活动及其结果，包括各种人类精神现象、观念意识、价值形态等非物质内容的总和。学者太洛尔将这一层面的文化定义为"所谓全体的文化意即一个人生下来由学习得到的或由创造得到的一切心灵建构或观念。'观念'一词包含这些范畴，例如态度、意义、情操、情感、价值、目的、兴趣、知识、信仰、关系组合……"[1] 区别于广义文化内涵，从精神创造定义文化依据的是文化现象的本质规定性，"文化生活和精神生活基本上是同义词。但是，必须理解每一个词的真正含义：所谓精神生活……它首先是作为社会的人的天性得到充分发展，是探索人类群体建立基础的一致性，是人类的各种潜在能力依据自然权利做出的表现"[2]。

概括来说，广义文化的界定是宽泛的、模糊的、包罗万象的，同时减弱了这一概念的准确性；实际上对文化一词描述更多的是体现其精神产品的特征，展现作为观念存在的精神文化。有学者将两者的关系阐释为："在每一种文化中，其构成最核心、最稳定，把文化塑造成一种特定文化的部分往往是文化的精神层面。而最外层一般都是文化的物质层面，也是文化体系中最不稳定的一面。"[3] 本书中，理解和运用文化一词是以其狭义层面的含义作为基础定义，并依此延伸出国际关系领域内的文化外延。

国家处理对外事务中体现的文化内涵指的则是一国民众集体分享或者继承的国民文化特质，国家对外行为体现出的信仰、价值、观念、传统，并从不同角度诠释的该国文化的特征和内容。这种集体意识，抑或是集体无意识深刻影响着一国的意识形态、战略文化、

---

[1] 殷海光：《中国文化的展望》，北京：中国和平出版社1988年版，第39页。
[2] 张广智、张广勇：《史学、文化中的文化——文化视野中的西方史学》，杭州：浙江人民出版社1990年版，第4页。
[3] 郑晓云：《文化认同与文化变迁》，北京：中国社会科学出版社1992年版，第33页。

核心价值、国民性格等等。美国学者亚历山大·温特在《国际政治的社会理论》一书中写道:"1. 文化是无形的,它包括整个生活方式、信仰、态度、取向、价值和哲学等,在政治层面上表现为政治哲学、政治文化、战略意图、意识形态、国民性等;2. 文化强调的是人类群体的认同,一定范围的人们共有观念的集合,如民族文化、传统文化等;3. 文化可以作为对集体成员的一种共有规范,形成向心力、凝聚力;4. 文化不是指与政治、经济并列的领域,任何存在共有知识的地方都有文化。"[1] 也就是说,国际关系领域里面的文化概念涉及的不仅是抽象的精神创造,同时需要体现一国独特的集体观念和价值判断。具有政治哲学含义的文化是集体行为方式的凝集,构成民族国家对外交往的价值观背景。

文化对于国际关系的影响是独特和深刻的,美国学者麦哲概括了文化影响国际关系的四种模式[2]。模式一:文化是决定国家、民族和个人经济命运的关键因素,因为有些文化,相比其他文化能够更好地为成功提供保证。模式二:文化透镜和信仰体系长期强烈地、既个体又集体地影响着国家领导人理解政策问题的方式,通常还决定着人们对解决这类问题的方法的选择。模式三:文化可用作设计关于社会、经济和军事的结构与机构的宏伟蓝图,从而对民族国家与世界大家庭中的行为和前途产生强烈的影响。模式四:文化是国际关系的主要构架、国际事务中国家行为的重要基础、国际冲突的原因。国际关系中的文化既是国家对外政策制定的背景,又是政策执行的动力。文化对人的意义和价值反映在人格化的国家层面,影响或者决定了一国对外活动的意识倾向、价值偏好、风格特质。此

---

[1] [美]亚历山大·温特:《国际政治的社会理论》,秦亚青译,上海:上海世纪出版集团 2000年版,第181页。

[2] [美]麦哲:《文化与国际关系:基本理论述评(上)》,载《现代外国哲学社会科学文摘》1997年第4期,第13—17页。

外，文化本身就具有特定的外交功能，"文化中包括的主流政治哲学、意识形态与政治文化这三种因素相互结合，共同对国际关系产生重大影响"[1]，文化既是工具又是目标。这一层面的文化具有鲜明的政治性，亨廷顿将其描述为"关于外在政治象征的信仰、价值以及社会成员对政治可能采取的其他取向"[2]。一国文化在输出和传播过程中裹挟着本民族信念力量、展现着民族风格和特色、反映了民众对于自身和世界的定位。相比而言，国家对外事务中的文化更侧重反映本国核心政治价值观，集中体现国家外交行为的可选择量度，提供关于国家利益的价值评判标准。此类文化所蕴含的丰富内容和特殊功能已经日益被各国所重视，也是本书论证的核心概念和逻辑起点。

综合上述对国内外学者关于文化外交含义的梳理，本书将文化外交定义为：文化外交是由一国政府直接领导、组织、授权、委托、协助的，对他国民众进行的文化价值观传播、人才交流、教育互动、知识沟通等外交实践活动。我们可以总结出文化外交概念的几点核心要素：

首先，文化外交的行为主体是主权国家的政府。国际社会存在着内容和形式多样的文化交流，而这些行为并非完全属于文化外交的内涵之内。传统意义上，只有那些由主权国家组织的，为维护或者扩大本国文化利益的，并且是通过官方的渠道开展的文化交流活动，才可以称之为文化外交。然而，随着国际行为体日益多元化，国际政治组织、区域集团、跨国公司、非政府组织在国际文化交往中也在利用文化外交手段协助政府实现国家利益。

---

[1] 冯绍雷等：《国际关系新论》，上海：上海社会科学院出版社1994年版，第114页。
[2] Roland H. Elbe, Raymond Taras, James D. Cochrane, *Political Culture and Foreign Policy in Latin America*, State University of New York Press, 1991, p.7.

其次，文化外交与国家形象紧密相联。传播本国文化价值观、推动国家间文化交流的目标是加深不同国家间人民的相互理解和相互信任，目的是树立更加符合本国利益的国际形象，提升国家的文化软实力，进而增强国家整体综合国力。因此说，文化外交最直接影响的是国家形象，最根本的性质是与政治外交、经济外交、军事行动一道服务于国家的整体外交战略。

第三，文化外交的形式灵活、丰富、多样，与文化关系会有交错重叠的部分，在实践中有时共同发挥着传播文化的作用。"从文化国际主义的定义可以较好地了解文化外交的表现形式，即语言、文学、艺术、意识形态等是文化的核心内容，以语言教育、文学作品交换、艺术表演、人员交流、科学技术交流、广播电视的文化教育讲座、各种各样的文化作品展览以及为文化教育交流提供的信息服务，都是文化关系的内容，同时也可以充当文化外交的形式。"①

文化具有双重效能性。文化外交与所有其他外交形式一样，在实际效应上可以分为正面效应和负面效应两种。正面效应主要指那些合乎国际法理，顺应国际社会发展潮流，追求实现正当的外交目标，制定客观正当的外交政策等。比如，中国的孔子学院，通过汉语言教学为中华文化的传播、中国形象的构建、中外文明的交流搭建平台，是非常成功的发挥正面效应的文化外交。文化外交具有的正面效应主要是利用其自身具有的"平和性"和"柔软性"，以非急功近利的态度实现国家的长远外交战略。扩大文化外交的正面效应可以很大程度上淡化其他形式外交表现出的政治性，更加有利于突破各国社会制度和意识形态差异造成的交流壁垒。同时，正面效应性秉承的是尊重和包容的原则，特别是对外输出文化价值观遇到异

---

① 胡文涛：《解读文化外交：一种学理分析》，载《外交评论》2007年第3期，第54页。

质文化的排斥，这种正面性就体现在她能够以相对客观平等的标准审视、评估、认识、理解异质文化的内容和价值。因此，相比其他外交形式，文化外交之所以更具有亲和力、感染力，这种正面效应性发挥着协调文化间互动、反思自我文化品位、塑造和谐的文化沟通氛围等功效。

另一方面，文化外交的负面效应在达到外交目标时，采用手段则更具有斗争性、政治性和强迫性。由于国际社会中不同国家拥有的文化话语权是有差距的，文化外交的负面效应就表现为某些国家凭借其政治、经济、军事、文化方面的优势地位，利用手中的文化力获取更多的文化资源。文化外交手段"正向实施，可以传播友谊，增进相互了解，进行善意引导，加强双方的交流与沟通。其反向实施，就是宣传站、心理战，这必然导致对立以至仇视情绪的滋长"[1]。

试图将本国意识形态或价值观推广为各国都必须接受的普世价值，抑或是在文化传播过程中贬低、攻击、排斥异质文化的文化交往行为，都很容易使文化外交成为功利性很强的强势手段，演变为文化帝国主义。"文化帝国主义的政策是最微妙的。如果它曾单独取得过成功的话，这也是最成功的帝国主义政策。它的目的不是征服领土和控制经济生活，而是征服和控制人们的心灵，以此作为改变两国之间权力关系的手段。人们能够设想，如果 A 国的文化，特别是它的政治意识形态连同其一切具体的帝国主义目标能够征服 B 国所有决策人物的心灵，那么，A 国就将赢得比军事征服和经济控制更彻底的胜利，并在比军事征服和经济主宰更稳定的基础上，奠定它的优越的地位。A 国将无须为达到其目的而威胁对方使用或使用军事力量，或者施加经济压力；因为 A 国能够使 B 国屈从于自己意

---

[1] 俞正梁:《当代国际关系学导论》，上海：复旦大学出版社 1996 年版，第 102 页。

志的目的，通过自身的优越文化和更具吸引力的政治经济哲学的劝导和引诱，实现它的政治和经济的目标。文化帝国主义如果能够达到如此完美的胜利，将使其他的帝国主义的方法成为多余。"[1]可见，文化外交负面效应的出现是一国没有正确处理本土文化和异质文化关系的后果。

总之，从文化外交的内容和目标来看，这种外交手段注重的是对他国民众潜移默化的影响。在文化外交研究中，经常需要用到的概念有软实力、文化力、感染力、吸引力等，这其实就反映出文化外交不同于政治外交、经济外交、军事外交的独有特性。可以说，文化外交表现形式使其成为"最不像外交的外交"；而文化外交的实际功能又使其成为"外交中外交"。

二、文化的层次辨析

文化相对于经济、政治或者军事而言具有更加隐性和弹性的范畴和外延，因此需要对文化的层次进行辨析，勾勒出文化的结构并清晰本书所要研究的文化层次的位置和性质。"文化是群体思维、情感和信仰的方式、抽象和实际行为的方式、标准化的认知取向、对行为进行规范性调控的机制。"[2]根据文化外交的核心要素和分析范式，本书主要涉及的是价值观念、政治思想、意识形态、社会制度等层次的文化，在文化宏大的结构框架中准确定位分析目标。

总体而言，我们可以粗略地将文化划分为三个层次，即表层物质文化、中层制度文化、内层价值文化。表层物质文化所指的物质文化是可感知的、具有物质实体的文化层，反映着社会物质生产的

---

[1] ［美］汉斯·摩根索:《国家间政治：权力与和平的斗争》，北京：北京大学出版社2006年版，第98页。
[2] ［美］克利福德·格尔茨:《文化的解释》，韩莉译，南京：译林出版社1999年版，第6页。

水平。中层的制度文化，就是由人类在社会实践中建立的各种社会规范构成的制度文化层。内层价值观文化，也就是文化的最内层是价值观文化，也即思想、信仰和道德等文化价值观。①

具体来说，表层物质文化是指为了满足人类生存和发展需要所创造的物质产品及其所表现的文化，有一种解释认为，"反映人与自然的物质转换关系的物质文化，是由'物化的知识力量'所构成，包括人类对自然加工时创制的各种器具，是可触知的具有物质实体的文化事物，即人们的物质生产活动方式和产品的总和"②。包括饮食、服饰、建筑、交通、生产工具以及乡村、城市等，都是文化要素或者文化景观的物质表现方面。这一层次的文化既具有物质属性，又具有文化属性，是一种具有客观实在性的文化。"物质型文化是整个文化中最为基础的部分，它类等于马克思主义哲学所讲的'社会存在'。"③表层物质文化位于文化层次的最外侧，涵盖范围最广，主要研究物质化的文化结晶。

中层制度文化包括政治、经济、社会和法律等制度，构成社会精神文化的重要组成部分。制度文化由社会的物质生活状况所决定，是制度意识形态和社会规范等制度上层建筑的总称。"人类在创造物质财富的同时，又创造了一个属于人类、服务于人类，同时又约束人类自己的社会环境，创造出来一系列的处理人与人、人与社会的相互关系准则，并将它们规范化为社会制度和社会组织体系。这虽不直接反映人与自然的关系，但其本质和发育水平归根结底是由人与自然进行物质变换的方式决定的。"④"从外延方面看，它包含所有对行为主体在各种情景下的社会行为具有制约作用的一切'规

---

① 参见徐宗华：《现代化的政治文化维度》，北京：人民出版社2007年版，第101页。
② 吴克礼主编：《文化学教程》，上海：上海外语教育出版社2002年版，第65页。
③ 杨善民、韩锋：《文化哲学》，济南：山东大学出版社2002年版，第78页。
④ 徐宗华：《现代化的政治文化维度》，北京：人民出版社2007年版，第101页。

则和规范'形态。它既包括'法律''道德''政策规定''组织纪律''规章规则',也包括'宗教礼仪''教规戒律''乡约民俗''家规帮规',还包括'行为习惯''许愿承诺'等等",他们认为,"作为一种文化,它既包括各种'文字的、正式规定的'符号形态,也包括各种'非文字的、非正式规定的'符号形态。如,在涉及孩子生活、学习的问题上,父母的价值选择和行为要求,对孩子来说,就是孩子在家庭生活中的一种'制度文化'。"① 概括来说,制度文化是人类文明演进过程中形成的规范社会活动的智慧和精神财富,代表一定文化基础的社会存在现象。该层面的文化为人们观察和理解人类社会实践提供了方法和视角,并进一步推动整个社会文化体系的构建和完善。

内层价值文化处于文化层次或称文化体系的核心位置,构成某一特定文化的灵魂和本质含义,也是将一种文化和另一种文化区别开来的最根本的属性和规定性。"文化就其实质而言就是价值观在社会实践中的对象化、现实化。文化的灵魂、精髓是它的价值观念或价值观,其深层结构是它的价值体系,而价值体系是价值观的具体化。价值观和价值体系一起构成了一种文化的价值层面,可以说是一种文化体系的价值文化层面。文化可以划分为心态文化(包括观念文化)、制度文化、行为文化、物态文化四大类型。价值文化属于观念文化,但又体现为制度文化、行为文化,甚至体现为物态文化。"②

内层价值文化即人类文化的精神层面,包括思维、宗教、国民性格、道德等文化价值观念:

---

① 谭明方:《论"社会行为"与"制度文化"——兼论社会学的研究对象》,载《浙江学刊》2001年第3期,第107页。
② 江畅:《我国主流价值文化构建的三个问题》,载《光明日报》2012年6月21日,第11版。

思维是人脑对现实的认识过程,是对客观概念、现象、环境的分析归纳、演绎推理,以及综合判断。内层价值文化隐性地深刻影响着思维的反应和发生,"由于不用半秒钟的时间即可完成从表层到思想深处的逾越,客体的知觉很快就被主观的思维过程所淹没。我们有必要知道,将表层的客观感觉和更深层的主观思维加以区别是一个带有文化性质的观点,它并非人类思维过程的普遍样式"[①]。思维上的不同导致人们对客观世界的观察和理解模式的差异,形成了各自的哲学背景、行为模式、传统习惯、价值取向。伴随人们成长的思维风格影响了他们对于现实环境的理解,也使得他们在提出解决方案时做出各不相同的选择。

　　此外,宗教文化的产生和发展也对人类文明发展发挥了重要作用,构成内层价值文化的核心的一部分。"宗教是人类最早的成系统的全覆盖的文化形态。它关于宇宙生成和人类起源的神话以及各种富于幻想的美丽神话是哲学和文学的胚芽;它关于人们社会行为的信条和禁忌,是道德的初级形态。它的娱神祈禳活动,催生了最早的舞蹈、音乐和美工;它的图腾、天祖崇拜,成为氏族走向民族的文化纽带,也为当时的政治文化提供了合法性依据和社会管理模式;它的巫术活动也包含着科学的因子,巫医结合便是一例。"[②]宗教至今仍是不同区域人们形成各自独特文化特征的重要因素之一,也是本书将要分析的重点之一。包括宗教在内的人类文化经历了从模糊的巫术和迷信向接纳理性的文明宗教演变的过程。理性化的宗教承认人的力量和价值,激发人类对于生命本源和生命意义的探索。宗教文化渗透到世俗生活的各个方面,塑造着人们的性格和心理。可以

[①] [美]爱德华·C.斯图亚特、密尔顿·J.贝尔:《美国文化模式》,卫景宜译,天津:百花文艺出版社2000年版,第28—29页。

[②] 牟钟鉴:《宗教文化论》,载《西北民族大学学报(哲学社会科学版)》2012年第2期,第35页。

说，宗教文化已经成为各国民族文化的底色，成为强有力的社会动员凝聚力，宗教信仰也成为众多国际合作和摩擦的重要诱因。

对国民性格或称民族心理的分析也属于内层价值文化的研究范畴之内，这是个人性格在社会层面反映出的心态文化，或者是民族精神。A.英克尔斯将国民性格定义为，"国民性格是一个社会成年成员中公认的相对稳定的特征和典型模式"[1]。国民性格具有独特性与表征性[2]：民族性格是一个民族共同的心理特性和性格特性，是区别于其他国家或民族的，这种独特性经常以各种物化的形式表现出来。其次是稳定性与继承性，民族性格一旦形成就具有相对的稳定性，它受本民族生产生活方式、社会习俗、民族信仰和民族意识等的维护及不断强化，并代代相传。最后是功能性与可变性，性格决定命运，对于一个民族来说，在逆境或外来侵害时，能同舟共济、同仇敌忾则是民族性格功能的体现。然而，民族性格并非是一成不变的，为了适应新形势，就必须变更以前的行为方式。国民性格伴随每一代人社会化进程，缓慢而深刻地影响着人们的观点和行为。人们在社会化的过程中逐渐接受特定的文化氛围，接受既有的思维方式，最终形成同样的性格特点。文化教育就是人化、同化的过程，在长期的积淀中形成国民成员相似的民族个性，持久地对国家对外行为发挥巨大的影响作用。

三、文化与国际关系

在国际关系领域，文化与政治、经济、军事等因素一样成为确定国家实力、分析国际格局的变量之一。然而，传统的研究视角和

---

[1] A. Inkelec, "National Character and Modern Political Systems", Francis. K. Hsu, ed., *Psychological Anthropology*, Cambridge, 1971, p.202.
[2] 李静：《民族心理学教程》，北京：民族出版社2006年版，第454—461页。

方法轻视或者忽视文化的作用。罗伯特·霍尔顿在《全球化的影响》一文中指出:"文化处于一种类似灰姑娘的地位,经济学和政治学科对待文化,如同对待一堆模糊的剩余物。每当各种建立在理性和利益基础之上的解释或分析失败时,才会提及'文化'。"① 冷战结束后,这一研究导向开始发生转变,文化范式频繁出现在国际关系理论研究和实践中。"自由主义的学者似乎开始注意非理性主义范畴内的概念,虽然对于他们来说观念因素仍然是一个与物质因素并列的变量,但转而注重观念的作用已经得到明确的显现。"② 无论在国家单元行为体还是国际体系中,文化为国际关系学者开启了独特的研究视角,极大地冲击了学界对文化的传统定位。

关于文化如何影响国际关系,美国学者麦哲总结出各有特点和侧重的四大类模式③。模式一,作为生活技能、修养的文化。文化的各种属性在为人类生活提供精神、道德和经济方面的知识、技能上发挥着重要作用。有些文化,相比其他文化能够更好地为成功提供保证。这一点无可置疑地说明了:文化是决定国家、氏族和个人经济命运的关键因素。模式二,作为认识过滤器的文化。文化透镜和信仰体系长期强烈地、既个体地又集体地影响着国家领导人理解政策问题的方式,通常还决定着他们对解决这类问题的方法的选择。文化就成了国家间理解和协商的重要障碍,因为不同行为者必定会从完全不同的角度,透过由不同文化观念构成的多棱镜来看待问题或做决策。模式三,作为社会—经济建筑师的文化。文化可用作设

---

① [澳]罗伯特·霍尔顿:《全球化的影响》,中国现代国际关系研究全球化研究中心,北京:时事出版社2003年版,第139页。
② Judith Goldstein and Robert O. Keohane, eds., *Ideas and Foreign Policy: Beliefs, Institutions, and Political Change*, Ithaca and London: Cornell University Press, 1993, pp.3—30.
③ [美]麦哲:《文化与国际关系:基本理论述评(上)》,载《现代外国哲学社会科学文摘》1997年第4期,第13—17页。

计关于社会、经济和军事的结构与机构的宏伟蓝图,从而对民族国家在世界大家庭中的行为和前途产生强烈的影响。模式四,文明的冲突。文化是国际关系中的关键变量、国际事务中国家行为的重要基础、国际冲突的首要原因。该模式以最有争议、最大胆的亨廷顿的"文明冲突论"为代表。

实际上,无论以何种模式分析文化与国际关系的关系,都体现了国际关系研究方法中对观念的作用日益重视,争论可以改善轻视或者忽视文化观念解释力量的传统。冷战后,国际关系理论界提出将文化与权力、制度、利益并列的第四种分析变量正是这种学术争论的成果。"如果将世界看作社会性存在,将国际关系和跨国关系视为社会关系,那么,文化研究必然成为世界政治学中不可或缺的内容。如果将世界政治行为体行为,尤其是战争/冲突与和平/合作行为,作为世界政治研究的核心议程,那么,文化作为群体思维、情感和信仰的方式、抽象和实际行为的方式、标准化的认知取向、对行为进行规范性调控的机制,也是不可缺少的。所以,世界政治学需要文化理论。"[①]国际关系也可以理解为文化关系,国际事务的代表主体是国家行为体,但实践中却是由具体的个人或者组织完成的。国际关系体现的是人际关系,反映的是人们的道德、信仰、观念、传统,以及制度。人与人之间的信任和猜忌反映在国际关系层面就是国家间的合作和对抗。因此,文化关系折射出并解释国际关系,文化理论理应成为研究国际政治的重要工具之一。

文化的回归为国际关系注入了新的研究动力,不仅丰富了人类对客观世界的认识,同时融入了对认识过程的主观改造。有学者将文化之于国际关系的作用归纳为:"在国际关系方面,文化具有五大

[①] 秦亚青:《世界政治的文化理论:文化结构、文化单位与文化力》,载《世界经济与政治》2003年第4期,第6页。

功能：一是文化作为人们观察和认识国际关系的视角；二是文化作为国际关系行为体的动力；三是文化作为国际关系伦理的价值评判标准；四是文化作为国际关系的认同基础；五是文化作为国际行为体的交往方式。"[①] 文化因素推动了国际关系领域从内容到形式的演化，文化联系、文化关系、国际文化等概念使我们对众多国际关系现象有了更加深刻的理解，从而引发了诸如温特建构主义、"文明冲突论"、国际文化理论等文化理论形态的产生。

建构主义在冷战以后才逐渐进入国际关系学者的视野中，温特建构主义反对结构现实主义对于国家间互动的忽视，也不赞同其理性主义的立场。温特建构主义中，文化的外延主要集中在国际关系领域语境下的共有知识、集体知识，即集体认同。温特认为，文化的集体认同就是重新界定自我和他者的界限，建构一个"共同的自群体身份"（in-group identity）或是称为"群我意识"。按照温特的观点，国际社会存在三种无政府文化，它们分别是霍布斯文化、洛克文化和康德文化。霍布斯文化中，国家间互不承认彼此作为自由主体存在的权利，在对外行为上表现出毫不受限制的侵略意图。洛克文化用竞争的角色结构取代敌对模式，而竞争的底线是对国家主权的尊重，正如现代威斯特伐利亚体系所体现的。温特将未来国际文化的发展方向命名为康德文化，此时角色结构的基础是行为体间的友谊。康德文化中国家之间相互认同，这种认同促成了行为体选择偏好和利益构成的一致性。由此可以建立一种将他者利益融入自我利益的集体利益观，实现自我认知的延展和超越。温特设定的三种理想类型主导文化"逐步走向了一种单向建构关系，即国际体系的主导文化结构塑造了国家的身份，确定了国家的角色，因而也就

---

① 参见朱威烈主编：《国际文化战略研究》，上海：上海外语教育出版社2002年版，第16—18页。

界定了国家的利益。如果要建立世界政治的文化理论,前提是存在世界空间范畴的文化结构"①。

这里,温特将文化引入国际关系理论框架,批判主流国际关系理论中物质主义和理性主义,同时坚持实证主义。温特建构主义重新思考国家本位的含义,创立了身份认知、集体认同、观念化结构、建构关系等概念,为建构主义奠定了主流国际关系理论的逻辑基础。针对学界关于新现实主义和新自由主义的争论,温特的文化视角开启了更为开放性的思考,得出"国际结构不是物质现象,而是观念现象"这一代表性论点。美国学者艾伦·卡尔森针对温特建构主义的评价是中肯的:第一,也许是最重要的一点,温特提出了一个不同于仍然占据主导地位的现实主义范式的理论体系。温特通过创建这一理论表明了现实主义国际关系理论的局限性,也意味着可以建立一个有力的、全面的替代理论,揭示国际关系体系运作的方式。不管我们是否赞成温特理论,仅仅思考一下它的影响力,就会加强我们对国际政治的理解。第二,温特理论越来越成为美国国际关系学界思考国际政治的核心理论。虽然温特建构主义被接受的程度现在还没有达到与新现实主义和新自由主义等同的地步,但在过去的十年里,他的理论在国际关系学界的地位大大提高。第三,温特关于国际体系结构变化可能性的论断,对于在更广泛意义上关心国际体系发展趋势的人来说,是很有意义的。温特对于国际体系向康德无政府文化转向的观点持谨慎的乐观态度,强调国际体系中社会互动和实践活动对结构形成和结构维持有着最重要的影响。②

亨廷顿"文明冲突论"可以说是最近十年出现的以文化与国际

---

① 秦亚青:《世界政治的文化理论:文化结构、文化单位与文化力》,载《世界经济与政治》2003年第4期,第8页。
② 参见[美]艾伦·卡尔森:《建立新的国际政治结构理论》,秦亚青译,载《欧洲》2001年第3期,第25页。

关系为议题最有争议、最大胆的理论，也是美国学者麦哲提出的文化作用于国际关系的模式之一，即文化是国际关系的主要构架、国际事务中国家行为的重要基础、国际冲突的首要原因。伴随冷战结束的还有各国对意识形态的过分关注，国家间以新的模式进行合作和对抗，以新的视角理解国际政治现实。"文明冲突论"之所以能引发广泛的兴趣和讨论，原因在于"人们正在寻求并迫切地需要一个关于世界政治的思维框架"。"这一模式强调文化在塑造全球政治中的主要作用，它唤起了人们对文化因素的注意，而文化因素长期以来一直为西方的国际关系学者所忽略。同时在全世界，人们正在根据文化来重新界定自己的认同。文明的分析框架因此提供了一个对正在呈现的现实的洞见。"[1] 值得一提的是，亨廷顿在强调不同文明有可能导致国际冲突的同时，也并不否认文明间合作和交流的可能，他认为文明本身就是一个没有起点也没有终点的过程，在互动中演绎着文明的兴衰。"文明冲突论"的逻辑前提是在日益全球化的今天，国家间政治、经济、军事等互动模式紧密依赖"对这些模式的广泛意识"发挥作用，人们在日益频繁的交往中强化着自我意识和认同意识。文化和文明构成亨廷顿论证的起点，文明冲突成为分析国际关系研究的方法和工具，亨廷顿开启了观察、解释、预测国际事务的又一理论范式。

正如美国民主基金会主席格什曼强调："不论人们是否同意他所说的一切，谁都不能不被他的智力、勇气和创造性打上深深的印记。"[2] 虽然，许多学者指出亨廷顿的"文明冲突论"存在概念或者逻辑上的诸多问题，但这一理论为我们提出一个非常有价值又长久被

---

[1] ［美］塞缪尔·亨廷顿：《文明的冲突与世界秩序的重建》，中文版序言，北京：新华出版社2010年版，第1页。

[2] C·Gersman. "Clash with in civilization", *Journal of Democracy*, October1997, p.27。

忽略的研究视角。"文明冲突论"引发了全世界范围内如此规模和深度的争论和兴趣，必然是触碰到了学术探讨中非常重要的议题。仅凭这一点，我们就应该对该理论在文化与国际关系理论的建设方面做出的贡献给予客观和恰当的评判。王缉思教授的观点是中肯的，我们应该将亨廷顿作为学术研究的课题，而不是简单视为西方政治家的代言人。总之，"亨廷顿用文明作为分析全球政治变动的基本要素，这的确称得上是一种新的理论范式。冷战结束之后，从文化和文明的角度寻找新的认同，这在急剧变化后以及今后相当长的时间内重新划分世界政治力量的过程中都可能有极其重要的意义"[①]。

日本学者平野健一郎是研究国际文化理论的代表性学者，他借助文化现象来分析国际关系，将其定义为既非政治、又非经济或法的"国际文化理论"。平野健一郎首先分析了文化与异文化之间的关系，他认为"以往的文化理论，研究的是单一社会中的文化的形成和变化，而国际文化理论的研究对象必须以具有不同文化的若干社会并存为前提，研究这些社会之间的文化关系，即异文化之间的关系。尽管如此，国际文化理论并不能忽视由民俗学和文化人类学所积累起来的研究成果，毋宁说，正因为国际文化理论研究的是异文化之间的关系，所以对文化这个概念的基本分析必不可少"。"国际文化理论的研究范围应当是国际关系中异文化之间的关系。"[②]在国际关系中，他主张分析行为主体的文化结构，从国民国家的文化共性入手，观察不同国家带有的文化色彩。特别是他对于亨廷顿"文明冲突论"的批判，也体现出平野健一郎独特的文化观点。他指出，提出"文明冲突"必须要先弄清文明与文化的关系，否则任何关于

---

① ［日］星野昭吉、刘小林主编:《冷战后国际关系理论的变化与发展》，北京：北京师范大学出版社1999年版，第254页。
② ［日］平野健一郎:《国际文化理论》，汪婉译，载《国外社会科学》1997年第2期，第43页。

国际社会的预测都是荒谬的。同时,"文明冲突"这一概念本身也值得商榷,他主张用"文化的摩擦"代替"文明的冲突"。"一般认为,具有不同文化的两个以上的行为主体相关联时,由于文化的不同,容易产生误解、偏见、纠纷、摩擦和矛盾。根据文化的不同,文化摩擦基本上分为四种类型:1. 集团之间的摩擦;2. 个人之间的摩擦;3. 集团内部的摩擦;4. 个人内心的矛盾。"[①]

平野健一郎和他的"国际文化理论"对传统的国际关系方法论提出了挑战,国际关系研究从来就充满着浓重的政治色彩和物质主义理念,文化现象和文化因素长期被列为无足轻重的附属要素。"国际文化理论"将国家间的文化关系提到与政治关系、经济关系和法律关系同等重要的第四种重要关系,将国际关系理论的内涵和外延加入文化要素。平野健一郎在论证"国际文化理论"过程中提出许多颇有新意的概念,如"文化基础理论""行为主体的文化结构""交涉方式理论""文化摩擦理论""多文化主义""文化交流理论""国际交流理论""国际文化理论"等,体现其试图建立国际文化理论体系的努力,不仅要在分析方法上有所突破,也要在概念和论证上突出创新性的问题意识。"平野从比较文明与文化的高度,抓住了文明冲突论的症结,其观点新颖,立论扎实,更重要的是,平野教给了人们从文化的角度认识国际社会的方法,理所当然地受到了学界的重视。当然,国际文化理论并未达到炉火纯青的地步,尚需要进一步地修改和充实。但是,这个学说是令人耳目一新的。它充满了作者对国际关系的深刻思考,名副其实地成为解读20世纪和21世纪人类文化社会的最佳读本。"[②]

[①] [日]平野健一郎:《国际文化理论》,汪婉译,载《国外社会科学》1997年第2期,第44页。

[②] 参见李廷江:《探索国际关系的新视角》,载《国外社会科学》1997年第2期,第41—42页。

第二节 文化与外交

近年来，文化研究成为国际政治领域新的热点，随之兴起的温特"建构主义"、亨廷顿"文明冲突论"、约瑟夫·奈"软力量"等文化理论形态和文化研究方法为国际关系注入了新的研究动力，不仅丰富了人类对客观世界的认识，同时融入了对认识过程的主观改造。文化与外交已经不能简单归纳为文化帝国主义国家的输出和压迫，两者之间存在着更深层次的关联和互动。本节试图从三个角度论述文化与外交的关系，即文化如何作为外交的背景，潜移默化发挥文化预设外交的功能；文化在新时期组成了国家外交实践的有效手段，成为国家对外交往的外交资源；文化利益和文化安全日益上升到与政治、经济、军事安全同等重要的位置，将文化视为国家外交目标之一将有助于更好地观察和解释一国的外交行为。

一、文化预设外交

美国学者弗兰克·宁柯维说过："在20世纪，美国几乎所有的重要政治家都毫无例外地把文化因素考虑为其处理外交的组成部分；的确，文化在他们的决策中起着明显的常常是决定性的作用。"[1] 爱德华·F.霍尔曾说过："文化是人的生存环境。人类生活的任何一方面无不受着文化的影响，并随着文化的变化而变化。就是说，文化决定了人的存在，表达自我的方式（包括情感的流露）、思考方式、行为方式、解决问题的方式、规划和建设城市的方式、运输系统的组织和运行，以及经济和政府的关系和发挥作用的方式。"[2] 美国文化史学家卡罗莱娜·韦尔写道："文化范式对个人形成制约，为他们提

---

[1] Frank Ninkovich, "Culture in U.S. Foreign Policy Since 1900", in Jongsuk Chay, ed., *Culture and International Relations*, New York, 1990, p.103.

[2] 徐大同:《政治文化民族性的几点思考》，载《天津师范大学学报》1998年第4期，第36页。

供了基本的设想以及观察和思考的工具，确定了他们的生活框架。文化决定制度的形式，决定将被发展的个性类型和被认可的行为类型。"① 在《美国文化与外交》一书中，学者王晓德写道："文化不仅在确定国家对外政策目标中起重要作用，而且对一国对外政策的手段和风格产生巨大的影响，这些活跃于国际舞台上的人物是在特定的文化氛围中成长起来的，他们之所以成为一个国家杰出人物，显然是他们的言论或行为符合了国家的民族精神，体现出了反映本民族特征的文化模式。这样，他们在制定或执行政策过程中，必然有意无意地把存在于他们意识深层中的文化价值观体现出来，为本国的对外政策打上明显区别于他国的烙印。"② 综上所述，一个国家特别是大国，需要重视本国的传统文化，特别是其中的政治文化和价值信仰，这些文化因素都潜在地构成国家外交政策制定和执行的大背景。

文化预设了外交观察和分析国际局势的视角，这主要体现在"人是在文化氛围中长大的，受到其中的基本价值观、风俗习惯和信仰的熏陶。……在每个民族国家，统治本身和外交政策的制定都是在某种文化背景中发生的"③。文化就是一个国家感知和认识外部世界的最原始视角。基督教文化历来以善恶二元的视角看待整个世界，对敌对国家的描述也相应地是"邪恶轴心"或"邪恶国家"。儒家文化从来是以"和合""中庸"的态度理解和认识世界，相应地，中国提出了"和平共处""和谐世界"的外交战略。这一点最明显地体现在文化对国家领导人，或者政治精英的影响上。不可否认，政治家等杰出人士对于历史发展有着特殊，有时甚至是决定性的作用，他们的个人风格、文化背景、经验能力、价值判断对国家外交政策和

---

① Carolina Ware, *The Cultural Approach to History*, Columbia University Press, 1940, p.11.
② 王晓德：《美国文化与外交》，北京：世界知识出版社 2000 年版，第 2—3 页。
③ Jongsuk Chay (ed.), *Culture and International Relations*, New York: Praeger Publishers, 1990, p.89.

外交战略发挥深刻的影响，追溯这些表现的本源，文化的烙印就会显现出来。可以说，客观国际环境从外部制约着外交决策者的行为，文化价值则从内在规定着他们的知识结构和决策偏好。"我们习惯所称的国家行为，实际上在决策过程中受到特定决策者或特定参与者集团的某种预先倾向所影响或左右。因此，这些人的心理特征，如动机、价值偏好、气质和推断能力等方面的差异被看成是基本的变量；个人在国内所属的特定党派、机构、各人不同的文化属性所产生的差异依然。"①

文化塑造了外交战略制定和实施的政治价值取向。意识形态是作为分析国家外交战略的背景来考察的，是以一种最为深刻和内隐的方式发挥作用的。"意识形态是关于人和社会本质的相互关联的价值观、思想和信仰体系。它包括一整套关于什么是最好的生活方式以及什么是对社会的最合适的制度安排的思想。它常常包括对改善社会的信仰。意识形态包括一个良好社会的图景以及实现的手段。"②不同的文化会产生不同的价值追求和意识形态，进而将国家导向不同的外交战略和模式。以美国外交行为中"使命观"现象为例，美国是一个意识形态色彩非常浓厚的国家，表面上看，美国并不追求运用政权机器宣传公式化的官方政治哲学，但实际上美国外交的确反映了一些普遍存在的价值倾向。美国从建立之初就表现出承担所谓国际责任，表现出捍卫自由、播撒民主的强烈外交愿望，杜鲁门就曾经以伟大国际和全球责任来激励美国民众。美国民族主义中"使命观"的思想长久地深刻地影响着美国外交政策的制定和执行，改造世界成为历届美国政府无需言明的外交目标。"在美国的自我形

---

① 倪世雄、金应忠主编：《当代美国国际关系理论流派文选》，上海：学林出版社1987年版，第53页。
② Charles L. Coehran and Eloise F. Malone, *Pubic Policy: Perspectives and Choices*, The McGraw-Hill Company, Inc., 1999, pp.90—91.

象里,有一个根深蒂固的信仰:这个民族象征和代表着整个世界的追求和愿望,在管理自己内部事务的时候,美国实际上是在进行一种活生生的试验,这一试验直接关联着其他民族的希望和恐惧。美国社会的大部分人一直接受这样一种常识性观点:美国的历史,特别是其政治民主的成功、物质繁荣以及在解决社会矛盾方面的成就,为解决世界上的矛盾和冲突提供了典范。"[1]

总之,文化在很大程度上已经预设了一国外交风格、外交模式、外交特征,以社会环境和背景的形式影响国家外交特性。文化变量的作用是持久的和连贯的,具体国际环境和决策领导人的变更并不能动摇文化中最根深蒂固的政治哲学和意识形态理念。因为文化经过长期的历史积淀已经成为国家民族性格的一部分,深入社会规则和行为法则的各个方面。"文化不仅仅是个体成员大脑中共有观念的集合,而且也是'群体支撑'的现象,因此从本质上也是公共现象。"[2] 因此,文化可以深刻地、持久地制约着国家对外决策的取向,规定着国家对外决策的选择,预设着国家对外决策的路径。

二、文化构成外交

文化不仅是一种现象,同时也是国家软力量的重要组成部分,是构成一国外交的重要资源。外交中传统运用的是政治手段、经济渠道、军事途径等手段,而在全球化日益加深的今天,采用上述手段往往不能实现预期的目标。此时,外交中的文化手段就表现出其独特的价值和功能。"外交中的文化手段,即国家为达到某种目的,维护本国利益,利用官方或民间多种渠道,通过文化形式(文化产品、传播

---

[1] Whitcomb, *The American Approach to Foreign Affairs: An Unertain Tradition*, p.43。
[2] [美]亚历山大·温特:《国际政治的社会理论》,秦亚青译,上海:上海世纪出版集团2000年版,第13页。

媒体、文化交流等)宣传、报道本国或他国的政策、文化价值观、思想观等内容的一系列活动。文化手段的运用主要表现在两个层面,即对国内宣传本国的传统文化、价值观、思想观、道德观和审美观等共有知识和国内政策及对国外事件的看法、观点和立场;对国外则宣传本国文化、政治文化和意识形态,报道本国和他国的政策、观点。"①忽视外交中的文化手段,就不能很好地利用本国的文化资源,特别是中国这样一个文明大国,文化资源的外交功能具有巨大的发掘潜力。反之,善于运用外交中的文化手段则可以有效宣传本国的政治文化、价值观念、意识形态等理念,利用文化搭建桥梁、增进了解。国家间出现的外交摩擦很大一部分原因就在于错误领会对方的外交目标和意图,善于利用外交中的文化手段可以在文化交流中实现国家间的了解和理解,从而提高外交活动的成功率。

一方面,文化是树立国际威望的精神要素。"'国际威望',又称'国际声望(名望)'或'国际声誉(名誉)',是指一个国家通过把国内的道德、知识、科学、艺术、经济或军事等成果向他国投射而获得一种理想的国际形象。"② 每个国家都会自我设定特定的国际形象,这是在对民族起源、文化背景、历史思考中逐渐形成的。对内,国际形象影响着外交行为的风格和特质。"一个国家的自我形象和自我定位深刻地影响这个国家在与其他民族交往过程中的行为方式和行为风格。比如,在当代中国人自我认知中,五千年文明史的荣光和百年历史的屈辱处于核心地位,这一自我形象对中国对外行为的影响是显而易见的。"③ 对外,具有良好的国际威望有助于创造更大的

---

① 参见俞正梁:《当代国际关系学导论》,上海:复旦大学出版社1996年版,第102页。
② Chas. W. Freeman, Jr., *Arts of Power: Statecraft and Diplomacy*, Washington, D.C.: United States Institute of Peace Press, 1997, p.95。
③ 王立新:《意识形态与美国外交政策——以20世纪美国对华政策为个案的研究》,北京:北京大学出版社2007年版,第69页。

国际活动空间，为国家外交战略的执行减少阻力，以较少的外交资源获得最大限度的外交成功。建构主义批判现实主义过分强调物质主义，认为权力的物质性不能直接发挥作用，人们对这些要素的认知和认同才是其外交价值的真正来源。建构主义认为，国际威望主要依靠文化的主观建构，文化认同结构代替物质实体存在，未经认同的身份、属性、国际威望是没有意义的。这里，文化不仅仅是国家外交决策背景，而且是外交实践的重要组成部分，文化交流和文化互动对于提升一国国际威望的外交功能已经日益被各国所关注。国家间的文化交往实际上是一种形象政治、信誉政治、威望政策，恰当利用文化资源进行正向宣传和善意引导，能够增加国家的国际说服力和影响力，实现外交中文化手段的独特功能。

另一方面，文化构建了外交的软实力基础。进入21世纪，国家间竞争不仅局限于领土面积、军事实力、经济发展水平和自然资源这些可以量化的硬实力，一国文化的吸引力也成为衡量该国整体实力的重要指标之一。软实力主要包括"政治力，主要是指一个国家的政治体制、国家战略、政府素质、国民凝聚力等综合能力；外交力，主要是指国家利益的实现能力、国家战略的贯彻能力、全球公共品的提供能力和全球公共品的运用能力等；文化力，包括文化竞争力、文化投射力、文化信息力；社会力，主要是指社会和谐程度、社会可持续发展能力、社会发展水平"[①]。具体来说，"在国际政治中，衍生软力量的资源很大程度上产自一个组织和国家的文化所表达的价值观、其国内惯例及政策所树立的榜样，及其处理与别国关系的方式。政府有时发现很难驾驭及使用软力量，但这并不能削弱软力

---

① 胡键:《中国软力量：要素、资源、能力》，载《国际体系与中国的软力量》，北京：时事出版社2006年版，第119—120页。

量的重要性"①。评估国家软力量的构成要素时不难发现,文化是构成吸引力的主要来源和核心要素。民族文化体系是本国政治价值观和外交战略是否具有吸引力和威信的本源。约瑟夫·奈也曾指出,对他国产生吸引力的文化、可以被践行的政治理念、具有合法性的外交政策,构成了美国软力量的主要来源。特别是在信息时代,知识经济蓬勃发展,文化资源、文化产业以及由此催生的一系列文化服务和活动逐步获得日益广泛的影响力。文化贯穿在生活方式、行为准则、信仰理念的各个层面,进而潜移默化地渗透并重塑着对方的价值判断标准,在国际关系中则表现为由政策吸引力、决策说服力、制度创新力、利益认同力和话语导向力等组成的国家软力量。

总之,外交中的文化因素可以作为传统手段的补充形式,缓慢但是深刻地对一国外交效果产生影响。外交实践中文化手段的"正向实施,可以传播友谊,增进相互了解,进行善意引导,加强双方的交流与沟通。其反向实施,就是宣传战、心理战,这必然导致对立以至仇视情绪的滋长"②。对于中国这样一个文化大国来说,充分合理利用文化资源塑造国际威望,构建国家软力量,能够在处理国际事务时开拓新的外交途径,平衡机械的政治、经济和军事思维惯性,透视国际关系现实潜在的理念因素,更好地服务于国家外交利益的实现。

三、文化解释外交

文化不仅仅是一种资源,一种国家实力,外交中的文化手段服务于国家利益,更是国家利益的重要组成部分。准确理解和把握外

---

① 约瑟夫·奈:《软力量:世界政坛成功之道》,吴晓辉、钱程译,北京:东方出版社2005年版,第7页。
② 俞正梁:《当代国际关系学导论》,上海:复旦大学出版社1996年版,第102页。

交中的文化诉求，有助于更好地对国家外交战略作出全面的判断。国家文化政策的制定和执行，文化利益的内涵和重要价值，文化战略和文化安全等，都是当今外交实践必须关注的重要议题。"离开人们在发展方面的社会保障和精神文化的丰富完善，经济政治发展就只能是单纯地从一种形式到另一种形式，从手段到手段而最后不能完全达到目的的虚无做法。"①

弗兰西斯·福山曾提出"一个国家的福利及其参与竞争的能力取决于一种普遍的文化特征"的观点。但长期以来，文化利益被排列到国家利益序列的末端，在外交目标的设定中也位于政治利益、经济利益、军事利益之后。实际上，维护国家文化利益、文化安全、文化建设的独立和发展，就是保证一个民族生存的前提和基础。"文化利益对一个国家的生存和发展，是不可缺少的，它受到国家安全、经济、政治利益的制约，同时又反映体现着前者的利益并为国家安全、经济发展和政治稳定服务。这种利益包括：意识形态的维护，历史文化传统的保持，民族认同感的确立和维系及与经济、安全、政治相关的各种文化现象等。"②文化构成国家利益中自我认同的核心要素，国家文化利益一头承载着一个民族的历史智慧，一头又蕴含着国家发展的全部理念和价值。如冷战期间，美苏两大阵营之间进行的意识形态之争，就体现出文化利益对于国家外交的深刻影响。"国家意识形态作为国家的国际行为的辩护理论是非常重要的。国家的其他种种利益也都由它或直接或间接地表达出来。"③美苏在价值取向和政治哲学方面的巨大差异构成双方对抗的重要阵地，双方在文化外交政策方面的冲突加剧了整个国际局势的紧张。维护本国的

---

① 汪习根：《法治社会的基本人权》，北京：中国人民公安大学出版社2002年版，第87页。
② 张玉国：《国家利益与文化政策》，广州：广东人民出版社2005年版，第114页。
③ 陈钢：《试论国际关系中的国家意识形态》，载《青海师专学报》1999年第3期，第57页。

文化理念和文化利益不仅因为其与政治、经济和军事利益息息相关，更重要的是这关系到一个国家的民族自我认同和民族自尊心。所以说，文化利益是国家利益组成部分中特殊的一部分，这部分利益不易察觉又难以量化，当其受到侵犯时通常会激发深层次的民族情绪和民族意识，导致一系列国家外交摩擦和冲突。这也是亨廷顿"文明冲突论"所要论证的观点，文化不仅是国际事务发生的背景，更是参与其中的重要变量，研究文化与国际关系可以对国际政治现实做出更全面的解释和预测。

正是由于文化对于外交具有独特的解释功能，各国都需要面对如何妥善处理民族文化与国家间外交关系的问题。"国家可能会非常倾向于利己身份，建构利己身份的文化也可能相当有活力，但是这不能改变一个事实，即身份是在不断发展的。所以，当国家采取利己的对外政策的时候，实践内容就不仅是简单地试图实现给定的利益。这样的对外政策支撑和再现着一种国家身份的特殊概念。"① 既要保证本民族的文化外交利益，又要避免狭隘的民族文化至上思想，或者极端民族文化崇拜思想，要客观审视各民族文化与其外交政策的关系，以更加平等、平和的心态分析各异质文化在影响、展现、解释一国外交政策的方式。与国家文化利益相对应的是要考虑如何保障国家文化安全，特别是在全球化背景下如何应对不同民族文化交流过程中的摩擦和冲突。在信息时代的今天，各种文化频繁接触，异质文化间必然出现互相排斥甚至产生文化碰撞的现象。现代民族国家在设计外交战略时既要充分考虑本国文化利益和文化安全的维护，又要有针对性地对外交目标国家的文化进行研究，避免由于文化利益冲突而导致的国家间关系交恶。知识权力化日益明显

---

① [美]亚历山大·温特：《国际政治的社会理论》，秦亚青译，上海：上海世纪出版集团2000年版，第427页。

的发展趋势也可以证明文化利益逐渐从国家整体外交战略的边缘向中心位置靠拢的演进方向。以美国学者本尼迪克特代表作《菊与刀：日本文化模式研究》为例，这本书以文化的视角，对日本的国民性格、价值理念、行为准则进行了深刻的分析，并以此为依据剖析日本政府的外交风格、外交手段、外交哲学等，成为国际关系领域利用文化解释外交最为典型的案例。总之，文化以各种方式影响一国的外交政策，作为外交决策的知识背景、作为外交执行的有效手段、作为外交解释的分析视角等等，通过各种直接或间接、潜在或表现的关联和互动，文化因素对国际关系的影响也在日益加深。

第三节　文化外交

文化外交是由一国政府直接领导、组织、授权、委托、协助的，对他国民众进行的文化价值观传播、人才交流、教育互动、知识沟通等外交实践活动。文化外交具有区别于其他传统外交的双重效应性、战略性、互动性、相对独立性，发挥着支撑配合传统外交、提升国家实力、塑造国家形象等独特功能。

一、文化外交的界定

文化外交是外交的延伸，是以外交的形式进行的国际文化交流。从字面上看，文化外交可以理解为以文化的传播、交流和互动为媒介开展的外交实践。"新加坡资政李光耀指出，'只有在其他国家羡慕并期望模仿一国文化之时，其软实力才得以实现'。文化因素是世界性流动的因素，可以通过跨国界传播，成为其他国家和国际社会的基本价值或主流文化，发源这种文化的国家自然就获得巨大的软实力和国际影响力。"① 在不同的价值设定、不同的学科背景下，学者对文化外交的理解也不尽相同，因而有必要梳理并界定本书中文化外交的完整含义。

文化外交的历史渊源比其概念悠久。可以说，从文化交流参与到国际关系和国际政治领域中以来，文化外交就已经在发挥着她独特的作用和影响，比如东亚以儒家文化圈为特征的地区秩序；罗马文化中法律、语言、娱乐对欧洲文化的深刻影响；基督教的传播所引发的冲突或者合作等，这些活动从本质上来说都可以看作文化外交实践。与国际关系一样古老的文化外交，直到近代来才被学者尝试做出明确的界定："文化外交这一概念最早由美国外交史学家拉尔夫·特纳（Larf Turner）20世纪40年代所提出，由美国外交史专家弗兰克·宁柯维奇（Frank Ninkovich）系统阐述发展。"② 官方正式作为文化外交的推动主体则始于17世纪法国建立的专门从事对外法语教学和宣传法国文化的法语联盟。随后，德国、意大利、英国、日本等国陆续将开展文化外交列入日程，并一度成为战时国家文化侵略的工具。随着时代背景的演进，文化外交的含义不断地丰富和发展，文化外交的国际地位也日益上升，逐步成为各国实现国家利益和国家战略的重要手段之一。

各国学者对文化外交的界定非常宽泛，包括语言、价值观、科学、技术、人才、文学、艺术、信息、服务等以知识为核心要素的交流活动。现有的关于文化外交的定义几乎涵盖了主权国家政府开展的几乎所有文化交往活动。如，英国退休外交官米切尔于1986年出版了专著《国际文化关系》，书中将文化外交界定为"文化外交是文化在国际协议中的介入，是文化运用于对国家政治外交和经济外

---

① 门洪华：《软实力与国际战略》，载《当代世界》2008年第9期，第7页。
② 李智：《文化外交：一种传播学的解读》，北京：北京大学出版社2005年版，第1页。

交的直接支持"。他指出要从两个层面来理解这个含义，"一是政府为许可、促进或者限制文化交流而与其他国家签订的多边或双边协定，例如政府间的文化合作协定、文化交流项目等；二是国家文化机构实施文化协定及其所从事的与他国建立、维持、强化或断绝文化关系方面的活动"①。

美国路易斯安那州立大学政治学和人文学教授柯文·墨尔凯西（Kevin V. Mulcahy）对文化外交两面性的本质进行了阐述：就传统而言，在推动地缘政治的优势和保护国家安全利益方面，政策制定者认为文化外交"更加现实"，更加"强硬"；相比之下，在促进相互理解而与种族优越主义和墨守成规作斗争时，人们认为文化活动无疑更加"理想化"，更"注重质量"，这种两面性成为文化外交定义混乱和长期争议的诱因。②美国著名外交史学者入江昭（Akira Iriye）通过解释文化定义来分析文化外交的表现形式，这种分析值得借鉴。他把文化定义为"包括记忆、意识形态、感情、生活方式、学术和艺术作品及其他符号"，同时，他认为文化外交是"通过思想和人员的交流、学术合作或者其他达到国家间相互理解的努力，来承担国与国和人民与人民互相联系的各种任务，称为文化国际主义（cultural internationalism）"③。

中国文化部原副部长孟晓驷认为，文化外交是"围绕国家对外关系的工作格局与部署，为达到特定目的，以文化表现形式为载体或手段，在特定时期、针对特定对象开展的国家或国际间公关活动"。"某项活动是否属于文化外交的范畴，可以用四条标准衡量：一、是否具有明确的外交目的；二、实施主体是否是官方或受其支

---

① J. M. Mitchell, *International Culture Relations*, Allen & Unwin Publishers Ltd., 1986, p.81.
② Kevin V. Mulcahy, "Cultural Diplomacy in the Post-Cold War World: Introduction", *The Journal of Arts Management, Laws, and Society*, Vol.29, No.1 (Spring, 1999), p.3.
③ 胡文涛：《解读文化外交：一种学理分析》，载《外交评论》2007年第3期，第54页。

持与鼓励；三、是否在特殊的时间针对特殊的对象；四、是否为通过文化表现形式开展的公关活动。"[1] 清华大学教授赵可金认为："文化外交（Cultural Diplomacy）是指由一个国家的政府或者经政府授权或委托的非政府组织和民众所开展的，以文化传播、交流和沟通为主要内容，意在达到特定政治目的和对外战略意图的外交活动。"[2] 学者李智在《文化外交：一种传播学的解读》一书中写道："严格地来界定，文化外交即是以文化传播、交流与沟通为内容所展开的外交，是主权国家利用文化手段达到的特定政治目的或对外战略意图的一种外交活动。这是从传统的'外交'概念自然引申出的'文化外交'定义。但是，如果重新审视国家利益，并且把文化利益作为国家整体利益中独立的一部分，那么也可以这样来表述文化外交，就是：主权国家以维护本国文化利益及实现国家对外文化战略目标为目的，在一定的对外文化政策指导下，借助文化手段来进行的外交活动。"[3]

综上对国内外学者关于文化外交含义的梳理，本书将文化外交定义为：文化外交是由一国政府直接领导、组织、授权、委托、协助的，对他国民众进行的文化价值观传播、人才交流、教育互动、知识沟通等外交实践活动。我们可以总结出理解文化外交概念的几点核心要素。

首先，文化外交的行为主体是主权国家的政府。国际社会存在着内容和形式多样的文化交流，而这些行为并非完全属于文化外交的内涵之内。传统意义上，只有那些由主权国家组织的，为维护或者扩大本国文化利益的，并且是通过官方的渠道开展的文化交流活动，才可以称之为文化外交。然而，随着国际行为体日益多元化，

---

[1] 孟晓驷：《锦上添花：文化外交的使命》，《人民日报》2005年11月11日，第7版。
[2] 赵可金：《公共外交的理论与实践》，上海：上海辞书出版社2007年版，第204页。
[3] 李智：《文化外交：一种传播学的解读》，北京：北京大学出版社2005年版，第24—25页。

国际政治组织、区域集团、跨国公司、非政府组织等在国际文化交往中也在利用组织外交手段协助政府实现国家利益。

其次，文化外交与国家形象紧密相连。传播本国文化价值观、推动国家间文化交流的目标是加深不同国家间人民的相互理解和相互信任，树立更加符合本国利益的国际形象，为了提升国家的文化软实力，进而增强国家整体综合国力。因此说，文化外交最直接影响的是国家形象，最根本的性质是与政治外交、经济外交、军事外交一道服务于国家的整体外交战略。

第三，注意区分文化外交与公共外交。根据1987年美国国务院《国际关系术语词典》，公共外交是"由政府发起的交流项目，利用电台等信息传播手段，了解、获悉和影响其他国家的舆论，减少其他国家政府和民众对美国产生错误观念，避免引起关系复杂化，提高美国在国外民众中的形象和影响力，进而增进美国利益的活动"[1]。对比文化外交和公共外交的概念可以看出，两者在很大程度上是重叠的：从主体上看，都是一国政府或者受政府委托；从客体上讲，都是面向他国民众；从内容上讲，都是以价值观、思想、知识、信息传播和交流为主要内容；从目标上看，都是为了提升国家形象和国家软实力。同时，文化外交和公共外交又是不同的：公共外交的内容并未完全与文化相关，还包括一部分非文化外交，例如跨国企业开展的经济公共外交；如果从传播学的意义上来界定，"文化外交就是国际文化传播，既包括对外人际传播，也包括国际大众传播；而公共外交主要是国际大众传播（还有对外人际传播）"[2]。所以，两个概念既相互交错，又相对独立。

---

[1] 唐小松、王义桅：《美国公众外交研究的兴起及其对美国对外政策的反思》，载《世界经济与政治》2003年第4期，第23页。

[2] 李智：《文化外交：一种传播学的解读》，北京：北京大学出版社2005年版，第35页。

最后，文化外交的形式灵活、丰富、多样，与文化关系会有交错重叠的部分，在实践中有时共同发挥着传播文化的作用。"从文化国际主义的定义可以较好地了解文化外交的表现形式，即语言、文学、艺术、意识形态等是文化的核心内容，以语言教育、文学作品交换、艺术表演、人员交流、科学技术交流、广播电视的文化教育讲座、各种各样的文化作品展览以及为文化教育交流提供的信息服务都是文化关系的内容，同时也可以充当文化外交的形式。"[①]

二、文化外交的特性

从文化外交的内容和目标来看，这种外交手段注重的是对他国民众潜移默化的影响。在文化外交研究中，经常需要用到的概念有软实力、文化力、感染力、吸引力等，这其实就反映出文化外交不同于政治外交、经济外交、军事外交的独有特性。可以说，文化外交表现形式使其成为"最不像外交的外交"；而文化外交的实际功能又使其成为"外交中外交"。

第一，双重效应性。文化外交与所有其他外交形式一样，在实际效应上可以分为正面效应和负面效应两种。正面效应主要指那些合乎国际法理，顺应国际社会发展潮流，追求实现正当的外交目标，制定客观正当的外交政策等。比如，中国的孔子学院，通过汉语言教学为中华文化的传播、中国形象的构建、中外文明的交流搭建平台，就是非常成功的发挥正面效应的文化外交。文化外交具有的正面效应主要是利用其自身具有的"平和性"和"柔软性"，以非急功近利的态度实现国家的长远外交战略。扩大文化外交的正面效应可以很大程度上淡化其他形式外交表现出的政治性，更加有利于突破各国社会制度和意识形态差异造成的交流壁垒。同时，正面效应性

[①] 胡文涛：《解读文化外交：一种学理分析》，载《外交评论》2007年第3期，第54页。

秉承的是尊重和包容的原则，特别是对外输出文化价值观遇到异质文化的排斥，这种正面性就体现在她能够以相对客观平等的标准审视、评估、认识、理解异质文化的内容和价值。因此，相比其他外交形式，文化外交更具有亲和力、感染力，这种正面效应性发挥着协调文化间互动、反思自我文化品位、塑造和谐的文化沟通氛围等功效。

另一方面，文化外交的负面效应在达到外交目标时采用手段则更具有斗争性、政治性和强迫性。由于国际社会中不同国家拥有的文化话语权是有差距的，文化外交的负面效应就表现为某些国家凭借其政治、经济、军事、文化方面的优势地位，利用手中的文化力获取更多的文化资源。文化外交手段"正向实施，可以传播友谊，增进相互了解，进行善意引导，加强双方的交流与沟通。其反向实施，就是宣传战、心理战，这必然导致对立以至仇视情绪的滋长"[①]。试图将本国意识形态或价值观推广为各国都必须接受的普世价值，抑或是在文化传播过程中贬低、攻击、排斥异质文化的文化交往行为，都很容易使文化外交成为功利性很强的强势手段，演变为文化帝国主义。"文化帝国主义的政策是最微妙的。如果它曾单独取得过成功的话，这也是最成功的帝国主义政策。它的目的不是征服领土和控制经济生活，而是征服和控制人们的心灵，以此作为改变两国之间权力关系的手段。人们能够设想，如果A国的文化，特别是它的政治意识形态连同其一切具体的帝国主义目标能够征服B国所有决策人物的心灵，那么，A国就将赢得比军事征服和经济控制更彻底的胜利，并在比军事征服和经济主宰更稳定的基础上，奠定它的优越的地位。A国将无须为达到其目的而威胁对方使用或使用军事力量，或者施加经济压力；因为A国

[①] 俞正梁：《当代国际关系学导论》，上海：复旦大学出版社1996年版，第102页。

能够使B国屈从于自己意志的目的,通过自身的优越文化和更具吸引力的政治经济哲学的劝导和引诱,实现它的政治和经济的目标。文化帝国主义如果能够达到如此完美的胜利,将使其他的帝国主义的方法成为多余。"[①]可见,文化外交负面效应的出现是一国没有正确处理本土文化和异质文化关系的后果。

第二,战略性。文化外交的战略性特征源于这种特殊的外交形式追求的目标和实现目标的路径。文化外交本身就是一项获得国际民心的浩大工程,试图提升的是比较抽象的文化吸引力、国家感召力、国际影响力等等;而文化外交通常都是以传播、沟通、交流等软性的方式展开活动。这些都决定了文化外交实践过程是循序渐进的、效果是潜移默化的、目标是影响深远的。很多文化外交政策在设计之初就已经规划为几年、几十年的国际文化传播工程。比如,美苏冷战期间的美国对苏文化攻势就是一项试图影响一整代人的文化战略。通过"人员交流、交换书籍或广播电视节目来影响公众特别是青年一代,借此动摇社会主义国家人民的共产主义理想和信念,从而逐渐侵蚀社会主义的基础"[②],是美国历代领导人坚持贯彻的文化和平演变策略。

上文是从时间跨度的角度阐释文化外交的战略性,还有学者从文化与国家整体战略的关系入手,论证文化外交的强战略性,"文化因素是唯一能够渗透到任何领域、无所不在的国家实力因素。软实力的说服作用、渗透能力和吸引力主要是通过文化来展现的,文化价值观、政治价值观念的认同及其影响力是一个国家软实力的核心。""文化交流是国际战略的主要组成部分。文化因素是世界性流

---

① [美]汉斯·摩根索:《国家间政治:权力与和平的斗争》,北京:北京大学出版社2006年版,第98页。
② 辛灿主编:《西方政界要人谈和平演变》,北京:新华出版社1989年版,第30页。

动的因素，可以通过跨国界传播，成为其他国家和国际社会的基本价值或主流文化，发源这种文化的国家自然就获得巨大的软实力和国际影响力。"① 因此，文化外交从构成要素、政策执行、实施期限等许多方面都体现出其战略性的特征。许多文化外交比较成熟的国家，都已经建立专业性文化外交运作机制，有稳定充足的文化外交财政经费，配套相关法律法规保障。文化外交所能产生的思想、价值、观念影响力是深远的，因而构建这种影响力的过程也需是连续的和长期的。设计、制定、执行文化外交需要有战略思维和战略手段。

第三，互动性。文化外交是通过思想、观念、价值观的交流，促成他国民众对本土文化的理解，消除误解和敌视。这一目标的实现不会是一蹴而就的，也不是单向的灌输教导，需要主客体双方良好的宣传与沟通，需要说明与倾听，即需要双方的互动。"文化外交的相互性首先表现在外交双方都主动参与、互相合作与协作，期望双方通过这种外交形式能够相互了解和相互信任。这一客观要求尤其体现在官方项目中。通常在双方政府的推动下，一个国家的学者、学生、艺术家等在政府资助下到另一国家进行教育文化活动，同样另一国家相对应人员也会到对方国家进行类似的活动。"② 只有这样才能形成文化外交主客体之间平衡的通畅的信息流通渠道，实现知识的交流和共享。

文化外交在实践中要特别注意互动性的特征，如果忽视这一特性就很容易将文化外交与文化宣传相混淆。了解和理解对方是说服对方的前提，互动过程中要注意收集受众的反馈信息，自愿的交流态度才能保证他国民众能够自觉或者不自觉地接受一国宣传的思想和理念。相反，如果一味关注自身的宣传手段，忽视互动且无法随

---

① 门洪华：《软实力与国际战略》，载《当代世界》2008年第9期，第6—7页。
② 胡文涛：《解读文化外交：一种学理分析》，载《外交评论》2007年第3期，第55页。

时作出调整，只能称为机械的对外宣传。"对外宣传最大的特点是，单向度自我表达，向他国输出信息，进行强制性的价值取向的灌输，追求对他国民众全方位的、彻底的心理、思想上的控制。"[①] 所以，为了实现文化外交的效果，要淡化功利性和政治性，突出互动性和参与性，避免国际文化交流行为蜕化成为简单粗暴的文化扩张、文化侵略行为。

第四，相对独立性。对外交往中，文化外交与传统外交既相互配合，又相对独立。主要表现在文化外交的内涵和演变通常是缓慢的，不同于政治外交、经济外交和军事外交更新速率较高。如两国关系紧张，政治、经济和军事外交可以很快作出反应并执行，文化外交政策即便随即作出调整，国家间的文化交流和影响的冷却会需要更长的时间，甚至在其他外交渠道阻断的情况下，文化外交的后续影响还是会持续一个时期。另一方面，文化外交的相对独立性表现在文化是软性的外交工具，与政治外交、经济外交或者军事外交等特别依赖硬性实力和手段的外交形式相比，可以超越许多传统外交无法逾越的禁区，建立国家间非正式的文化联系。特殊时期，或者针对特殊民众，文化的传播比政治宣传更易于被对方接受、认识和理解；文化作为交流的内涵和载体也相对比较隐蔽，做到尽可能避免正面冲突，潜移默化地推动其他各方面信息的交流，为改善或者推进国家间关系搭建桥梁，最终实现国家利益。

三、文化外交的作用

文化外交是国家各种外交形式中的一种，也是相对独特的一种。"总体外交是指国家各种形式外交的总集，文化外交作为其中一个子集，必然受到它的指导和制约。文化外交虽然有其特殊性，但它不

[①] 李智：《文化外交：一种传播学的解读》，北京：北京大学出版社 2005 年版，第 46 页。

能脱离总体外交，只有在总体外交的指导下，文化外交才能更好地发挥作用。"[①] 文化外交以一种软力量，以文化资源为国家总体外交服务，维护国家的文化利益，执行国家的文化战略，发挥着独特的外交价值和功能。

第一，文化外交是传统外交的有力支撑，配合传统外交实现国家外交目标。文化外交长期没有引起足够重视的原因之一就是其内容基础是抽象的，执行手段是柔软的，相比传统外交产生效果的过程是缓慢的。因而，文化外交一度被排除在传统对于外交的定义之外，而被认为是国家对外宣传或者民间交流的非正式手段。19世纪末，国家开始注意对文化交流的监管和控制，文化因素开始影响外交工作。直到第二次世界大战之后，文化外交才得以快速发展，各国纷纷建立负责文化交流和管理的机构专门负责教育、科技、语言的传播。现代科技进步和新媒体的出现，为文化外交的开展提供了技术保障。国际社会开始将促进友好关系、经济发展、文化和科学关系也列为外交官和外交使馆的职责之一，文化对于外交工作的功能得到了广泛认可。

显而易见，政治外交、经济外交、军事外交是影响国家间关系直接有效的外交形式，这些传统的外交手段以国家的综合国力为支撑，以消耗物质实力为代价，以政治、经济、军事资源获取外交成效。文化外交的兴起恰恰是关注到长期没有得到利用的文化资源、意识形态资源、价值观、政治哲学、语言资源等文化软实力资源。冷战期间，美国正是通过文化绕过传统外交的阻碍，服务于本国的外交战略。美国利用"美国之音""自由欧洲广播电台"，非常隐蔽地对外宣传其政治理念，缓慢而非常有效地进行意识形态渗透，有效操控对方

[①] 周永生：《经济外交》，北京：中国青年出版社2004年版，第40页。

国当地的舆论风向，实现了当时政治外交、经济外交、军事外交都没有达到的外交目标。今天，文化外交同样发挥着传统外交无法替代的作用，仅仅关注国家间经济、科技、军事竞争的局限性日益显现，人们越来越认识到国际社会的和谐需要更多的交流和理解，文化外交是文明拓展的延伸，是避免国际社会按照硬实力等级化的渠道。

第二，文化外交是提升国家实力的软性资源。美国学者汉斯·摩根索关于国家实力的界定是："国家实力由如下因素构成：地理、自然资源等物的因素；工业实力、军备等人物结合的因素；人口、国民性、民心、外交质量、政府质量等人的因素。"[1] 从这一定义中可以发现，对一国实力的理解，不仅要包括国家的资源、经济、工业、军事、人口等硬性的物质资源，也要考虑到国民性、民心、外交质量、政府质量等软性资源。文化外交的功能主要就在于，可以增强后者的影响力和作用力，扩大无形资源的覆盖范围，以提升有形资源的执行力。卡尔·多伊奇说过："与各国利益直接相连的，是在国外采取散播本国意识形态的政策，以及与这个目标相一致的文化科学交流政策。"[2] 因此，经济、政治、军事实力不再是确定国际排名的全部指标，文化实力及其隐含的文化资源和文化能力也成为衡量一国实现其战略目标综合能力的重要参数。

在经济全球化的背景下，文化外交在提升国家软实力方面的作用和地位越来越显著。基欧汉和约瑟夫·奈指出："如果国家行为体能够劝服他国采纳相似的价值观和政策，那么，至于它是否拥有硬权力和战略信息就显得无足轻重了。具有足够劝服力的软实力和自由信息能够改变自利性的观念，改变硬权力和战略信息运用的方

---

[1] 汉斯·摩根索：《国际纵横策论：争强权，求和平》，上海：上海译文出版社1995年版，第151—203页。

[2] Karl Deutsch, *The Analysis of International Relations*, Englewood Cliffs, Prentice Hall, 1988, p.87.

式。"① 各国特别是大国纷纷意识到，本国文化和价值观可以有助于扩大国家影响力，是一种潜移默化、柔而有力的外交手段。文化可以反映一国的政治和经济水平，文化竞争力的优劣不仅体现本国文化战略的质量，也从侧面反映了传统的政治外交、经济外交、军事外交协调配合的能力。因此，文化外交通过软性资源和手段也可以达到增强国家硬实力的目标。文化软实力是硬实力的延伸和拓展，一方面，文化外交需要有国家强大的经济和科技实力作为基础，为知识和信息交流提供物质保障；另一方面，文化外交可以通过诱导、吸引、合作、感召等方式弥补硬性外交手段的强政治性和功利性，最大限度地充分利用各种外交资源，增强整体外交行为的影响力。"软权力已经成为综合国力的重要组成部分。软权力是由一个国家和民族的文化传统、意识形态、价值观念等精神要素多方面构成，这些精神要素大致包括政治制度的吸引力、价值观的感召力、文化的感染力、外交的说服力以及领导人与国民形象的魅力与亲和力，实现国家利益最大化。"② 文化外交直接影响的国家软实力，根本目标是配合其他外交手段实现国家综合国力的提升，发挥不可忽视的软而有力的外交作用。

第三，文化外交是塑造国家形象的有效媒介。文化外交通过宣传和传播本国的思想道德、文化知识、价值观念、科学技术等文化相关信息，努力构建或者描述一种正面理想的国家形象，赢得国际威信。培根说过，知识的力量不仅取决于其本身的价值大小，更取决于是否被传播，以及被传播的深度和广度。一国文化如果具有向外扩散和推广的能力，也有助于其基本价值观被普遍了解和认识。

---

① Robert Keohane and Josehp S. Nye, "Power and Interdependence in the Information Age", *Foreign Affairs*, September/October 1998, p.90, p.94。
② 谢晓娟：《论软权力中的国家形象及其塑造》，载《理论前沿》2004年第19期，第19页。

文化外交的主要功能就是向他国民众讲述、描绘、说明本国的意识形态、价值观念以及由此衍生出的文化产品、文化目标、文化战略等。要想获得良好甚至富有魅力的国家形象，首先要从观念方面赢得他国民众的理解和认可，要获取舆论和人心支持，而这些目标只能通过文化独有的影响力和辐射力才能达到。这也是传统现实主义与建构主义逻辑起点发生分歧的地方，现实主义强调国家形象来自物质实力的强弱，处于实力优势地位的强国凭借实力获得对他国的影响力和威慑力；建构主义则主张国家形象是国际行为体彼此身份认同的结果，这种认同建立在理解、交流、互动、诱导的软性实力基础上，在这个过程中，吸引力和感召力发挥更加直接的作用。"作为国家威望政策的文化外交，其主旨就在于通过文化信息和价值观念的对外投射和相互流通产生文化'吸引力'，激发他国的认同感乃至敬畏感，建构起与他国之间积极友好的身份认同关系，在获得国际社会的积极肯定和认可中树立起良好的国际形象，确立起应有的国际威望。"[①]

在全球化和新媒体时代，国家以自我封闭维护形象的方式已经无法满足对外交往需要，也是难以实现的。李普曼在其著作《公众舆论》中提出了"拟态环境"的重要理论。他指出，现代社会人们以有限的信息接受能力面对无限的信息发送来源。因此对于信息的加工、筛选、分类、处理是非常重要的。国家之间如果能够建立起可以互动交流的平台，传播友好、亲切、灵活的价值观念，更有益于民众介绍一国外交期待传递的信息，树立期望树立的形象。可以说，良好的国家形象源于一国民众的好感、理解和信任。这种国家间的认同一旦建立就具有相当的稳定性，并会反映在国际政治、经

[①] 李智：《论文化外交对国家国际威望树立的作用》，载《学术探索》2004年第10期，第93页。

济、军事等其他外交关系之中。美国学者亨廷顿教授曾指出："一国在确定其认同范围时，除了受该国所处的地理位置、自然资源和物质因素影响之外，还受该国的历史经历、政治制度、政治理念、政治价值、宗教信仰、语言、民族、种族等文化因素的制约，主要是受其政治文化特别是政治意识形态的制约和引导。具有类似文化和体制的国家会看到它们之间的共同利益。民主国家同其他民主国家有共同性，因此不会彼此发动战争。"[1] 总之，要充分利用本国文化资源，拓宽文化交流的领域，积极创新文化交流形式，搭建畅通的信息互动渠道，通过真诚、亲切、健康的方式展示一国文化的独特魅力，促进他国民众在了解基础上被吸引、被感染，这就是文化外交在树立国家形象方面的功能所在。

---

[1] Samnel P. Huntington, *The Clash of Civilizations and the Remaking of World order*, New york: Simon & Schuster, 1996, p.34。

第二章　英国文化结构辨析

历史上，英国率先开启现代工业革命的时代按钮，也曾雄踞世界权力巅峰多时，并在许多国际关系理论和外交政策方面作出开创性的贡献。一个国家创造这样的历史，不能仅从政治和经济的视角进行解释，同样离不开其根深蒂固的民族文化和一以贯之的独特思维方式。改造世界的前提是认识自我，深刻变革世界的基础是更加深刻的自我改造。万事之变源于观念之变，英国历史悠久的文化结构与外交行为有着内在的一致性，引导并预设了英国外交的风格和道路。因此，细致剖析英国文化结构的组成要素和作用方式，才能准确把握这些文化基因是如何潜移默化地对外交行为发挥影响，同时观察英国文化外交的心理全貌。

第一节　理性主义

英国文化的突出特征之一就是英国人对理性主义思维方式的推崇。英国文化中的理性主义要素不同于以德国和法国为代表的欧洲大陆理性主义，她不追求形而上的抽象性，反之提倡对于现实的观察和分析，以实事求是的态度客观行事。这种民族文化特色不是迷信，但却充满虔诚，是对宝贵思维方式的珍视。

一、英国理性主义的渊源

经验理性主义一直是英国文化结构的主要构成部分，其渊源可以追溯到中世纪欧洲黑暗时代，伴随英国民族意识觉醒和资本主义精神追求逐步发展成熟。在封建主义欧洲，宗教神学控制着几乎所有的精神财富，控制着人们的思想生活。或许是英国不需要面对同欧洲大陆一样严峻的宗教压力，这里诞生的理性主义并不否认宗教在社会生活中扮演的角色，承认其在精神领域的功能。早期英国理性主义并没有与宗教思想形成尖锐对立，而是试图用理性改造宗教，达到一种妥协后的成功。理性的本意就是一种科学的精神，英国理性主义在尊重个人宗教信仰的同时，鼓励人们用客观的视角认识世界，用科学的方法揭示自然规律，用理性的思考获得知识和真理。"知识就是力量"激发着人们对世俗幸福的探求，英国社会发展的迫切需要和较为宽松的宗教环境使得人们拥有改革中世纪思维方式的空间。在信仰和理性究竟谁具有最后的仲裁权问题上，英国人率先作出自己的判断，"知识不是来自上帝或先哲的典籍，而是来自人类自身的实践经历。实验是发现和支配事物形式的唯一途径，实验离不开感觉的观察，但实验不依赖于感觉，而是对感觉进行选择、设计和定向处理，排除感觉自身的缺陷，因而能够接触到自然和事物本身。科学是实验的科学，科学就是用理性的方法去整理感性材料"[①]。

新科学的理念也加速了英国理性主义的发展。新科学强调所有的知识必须可以被直接经验所证明，没有经过检验的知识就不是真理，由此催生了实验工具和仪器的快速革新。继培根之后，英国涌现出一个又一个理性主义思想家，霍布斯、洛克、贝克莱、休谟、

---

① 参见［英］F.培根：《新工具》，许宝骙译，北京：商务印书馆1984年版，第47—67页。

斯宾塞、达尔文、罗素等人，他们从不同角度分析理性主义，引导英国科学思维和科学理论蓬勃发展。在与中世纪传统思维方式进行一系列博弈之后，英国经验理性主义讲求实用和类别的认识方法。自然科学工作者们推动的思维革命动摇了人们对上帝的信念，使得实验和检验的经验主义理念逐步发展成为全民族的文化特征。

然而，一直存在的关于生命起源的争论尚没有得到解答，虽然教会一方无法证明上帝和灵魂的存在，理性主义者同样无法证明他们不存在。很长一段时间内，双方以谨慎和怀疑的态度冷淡处理这一议题，也因此形成英国理性主义的一个重要特征，"英国人对任何未被经验证明的事物，都习惯于用一种冷淡的、漠然的态度对待，绝不像有些民族那样轻易地热烈拥抱一种新理论或扑向一种新事物"[①]。到达尔文的进化论问世，上帝创造生命的神话也被物种在自然界的竞争理论推翻，至此英国理性主义取得了对宗教理论的绝对胜利，自然科学在英国确立了决定性的位置。

恩格斯曾经说过："英国的政治活动、出版自由、海上霸权以及规模宏大的工业，几乎在每个人身上都充分发展了民族特征所固有的毅力，果敢的求实精神，还有冷静无比的理智，这样一来，大陆上的各个民族在这方面也就远远地落在英国人后面了。""能够与英国文学媲美的恐怕只有古希腊文学和德国文学了；在哲学方面，英国至少能够举出两位巨匠——培根和洛克，而在经验科学方面享有盛名的则不计其数，如果有人问，贡献最多的是哪一个民族，那谁也不会否认是英国。"[②] 英国理性主义表现出对自然规律和社会原因的

[①] 钱乘旦、陈晓律：《在传统与变革之间：英国文化模式溯源》，南京：江苏人民出版社 2010 年版，第 286 页。

[②] ［德］恩格斯：《英国状况，英国宪法》，载《马克思恩格斯全集》第一卷，北京：人民出版社 1995 年版，第 679 页。

追求，英国理性主义文化是讲求实效和客观的文化，目的是依据人的力量取得实在成效，采用的是科学实证的方法。可以说，英国人在改变外部世界的同时，也改造了自己的主观世界，理性的力量取代宗教的信仰成为人类进步的根本动力。

二、英国理性主义的主要观点

英国理性主义兴起于17世纪，在与宗教神学的较量中不断发展完善，最终成为英国文化的代表性文化体系。英国经验理性主义的代表人物有培根、洛克、霍布斯、休谟、牛顿等，逐步形成与欧洲大陆理性主义不同的哲学思维模式。这里，以几位代表性学者的观点为例，梳理英国经验理性主义传统的继承和发展历程。

弗兰西斯·培根和那句经典的"知识就是力量"标志着自然科学研究方法被引入哲学思维层面，英国社会发展到了一个新的阶段，即如何处理信仰和理性的关系，特别是当两者发生冲突的时候。他指出："历来研究科学的人或者是经验主义者，或者是独断主义者，经验主义者好像是蚂蚁，他们只是收集起来使用。理性主义者好像是蜘蛛，他们从他们自己把网子造出来。但是蜜蜂则采取一种中间的道路，他们从花园和田野里面的花采集材料，但是用他自己的一种力量来改变和消化这种材料。真正的哲学工作也正像这样。"[①]培根率先提出具有科学性质的认识论方法——归纳法。他明确提出科学的目的是改善人类的生活，所有的发明和发现都要服务于人类福祉。自然科学发展水平是人类进步的标杆，是先进社会区别于野蛮部落的标志。关注实践，关注人类现实幸福，从理论上批判中世纪宗教哲学对人类精神的控制。

正如马考莱所说："培根为自己提出了怎样的目标呢？用他自己

---

① ［英］F.培根：《新工具》，许宝骙译，北京：商务印书馆1984年版。

说过的一个强调的词来说，便是'果实'，这便是增加人类幸福和减轻人类痛苦，这便是改善人类的境况。这便是不断为人类提供新方法、新工具和新途径。这便是他在科学的一切部门，在自然哲学、立法、政治和道德方面所进行的一切思考的目标。培根理论的关键就是'功用'和'进步'两个字眼。古代哲学不屑于对人有用，而满足于保持停滞不前的状态。它主要研究道德完美的理论，想去解决无法解决的谜团，想去规劝人们无法达到的心理境界。这些理论是如此崇高，以至于永远不过是理论而已。它无法从事为人类谋安乐的低贱功能。一切学派都把这种功能看作是有失身份的，有的甚至斥之为不道德的。"[1]英国文化中有深深的培根哲学的烙印，那就是厌恶空谈、强调检验、注重实用和科学怀疑。培根不仅开创了归纳这一科学研究方法，也为英国经验理性主义确立了基本思考准则，他提出的以实验和检验为标准的革命性思维方法具有划时代的意义。

继培根之后，洛克又进一步发展了英国经验理性主义，并著有《人类理解力论》这一西方哲学经典著作。洛克认为："理性表示人的一种能力，人类凭此能力而区别于兽类，亦正因此而显然优于兽类。""一切观念和记号都是来自后天的经验，人的全面知识，包括感觉到理性，都是后天的学习获得的"，"凡是在理性中的，都已先存在于感觉中。""有某些思辨和实践的原则是全人类普遍同意的，'恒定的印象，是人的灵魂在最初存在时就获得的'，这种论调是错误的，因为儿童和没有受过教育的人完全不知道思维的规律，特别是不知道关于相同的命题不可能同时是真又是假的矛盾律。"[2]洛克主张唯物主义的经验论，高度肯定教育在引导人类认知和理性发展方

---

[1] [英]J.D.贝尔纳:《科学的社会功能》，北京：商务印书馆1982年版，第40—41页。
[2] [英]约翰·洛克:《人类理解力论》第一卷，转引自《西方哲学原著选读》，北京：商务印书馆1988年版，第447—449页。

面的重要作用。他的认识论起点于感觉，由简单的观念构成复杂的观念，最终形成真理性知识。他的理性哲学表现出的英国理性主义的又一突出特征就是，英国文化并不推崇抽象思维的认识方法，而倾向于对具体事物的观察和感觉，致力于用实验探求研究对象的规律和特质。

大卫·休谟是英国经验理性现实主义的集大成者。休谟比其他理性主义思想前辈更加关注对于心灵知觉的把握，他创立了欧洲哲学史上第一个不可知论哲学体系，在主观唯心主义经验论的基础上推动英国理性哲学的发展。休谟否认自我印象的存在，他认为"就我而论，当我极密切体察我称之为我自己的时候，我总要碰上一种什么特别知觉，冷或热，明或暗，爱或恨，苦或乐的知觉。在任何时候我从不曾离了知觉而把握住我自己，除知觉而外我从不能观察到任何东西"[1]。休谟反对天赋观念理论，坚持所有的观念都来源于经验，即知觉。英国经验理性主义中怀疑主义的传统就起源于休谟，他怀疑精神实体的存在，怀疑传统知识，怀疑自然科学，怀疑一切破坏自由意志的概念。休谟的突出贡献在于他的怀疑理性主义和不可知论，不仅将英国经验理性主义推上了新的哲学高峰，也极大冲击了西欧理性主义哲学家的思维体系，使批判和怀疑的文化传统一直保留至今。

第二节　自由主义

纵观英国历史，有一种倾向或者努力是显而易见的，那就是人民对国家机器权力的限制。在与教会权力、王权抗衡的过程中，英

---

[1] ［英］伯特兰·罗素：《西方哲学史》上卷，北京：商务印书馆1984年版，第199页。

国逐步发展繁荣，也确立了自由主义的文化传统。对抗权力就是争取自由，这是英国人对自由基本含义的理解。约翰·密尔在《论自由》一书中写道："自由和权威之间的斗争，远在我们所最早熟知的部分历史中，特别是在希腊、罗马和英国的历史中，就是最为显著的特色。但是在旧日，这个斗争乃是臣民或者某些阶级的臣民与政府之间的斗争。那时所谓自由，是指对于政治统治者的暴虐的防御。在人们意象中，统治者必然处于与其所统治的人民相对立的地位，其权威系得自继承或政府，他们的权力被看作是必要的，但也是高度危险的；因此，爱国者的目标就在于，对于统治者所施用于群体的权力要划定一些他所应当受到的限制，而这个限制就是他们所谓的自由。"[①]

一、英国的"自由"传统

英国自由主义形成于17世纪，首先发端于对王的权力的对抗和制约，进而演变为对政府权力的限定。在英国文化中，自由是一种权利，是人生而有之的。早在盎格鲁－撒克逊时期，国王和贵族之间就存在关于权利和义务的争论，但是真正提出明确概念是在诺曼征服之后。英国区别于欧洲大陆，形成国王与贵族伯仲相当、不分上下的政治现实有其特殊的历史原因：诺曼征服英格兰之后采取封建土地分封制度，用土地犒赏有功的贵族。结果就是几乎同一批人在不同地区获得国王封赏的土地，他们虽然手中握有大片土地但却是零星分布的，难以组成大的邦国；另一方面，国王的实力也被削弱，单独一个贵族也许不能对其构成威胁，但联合起来的贵族就会拥有制服国王的力量。"英国的贵族虽不可能制服国王，使之屈服于封建割据的淫威之下，但每当国王超出封建关系许可的范围任意

---

① [英]约翰·密尔:《论自由》，北京：商务印书馆1982年版，第1页。

行事时，贵族们却又可以加以阻挡。在这种时候，贵族以维护'合法权利'为号召，很容易赢得天下人的支持。在英国一个贵族如不能与国王相匹敌，全体贵族联合起来却很能使国王就范，而联合所有贵族的最合适的口号就是'权利'。在'权利'的旗帜下，一切贵族都可以拿起武器，向破坏封建关系的'暴君'要求自由。这就是'自由'在英国的起源。"[①]最终，英国建立起完整的封建主义制度，对国王和封臣享有的权利和应尽的义务以契约的形式记录在册。英国封建制度从未赋予过国王无限制的权力，国王和贵族的封建关系如同平衡杠杆的两端，一方拥有的权利恰是另一方需尽的义务，国王不能越雷池的领域也正是贵族们的权利所在。中世纪以权利之名展开的博弈和斗争就为后来英国民族为自由抗争打下了历史和传统基础。

英国人将争取自由视为"光荣的传统"和"神圣的事业"，自由的依据是"自然法"，是人生存的最基本保障，任何侵犯这一权利的行为就是对民族生存合法性的亵渎。考察英国的历史，几乎每一次重大的国家变革或决策都将自由列为追求的目标之一，如《大宪章》的颁布、君主立宪制度的确立、议会改革、参加战争、退出战争等等。正如自由主义代表思想家密尔总结道："君主是为人民而生存的，人民的地位也在君主之上。我们首先应当考虑的是人民。这一点如果成立，君主作为地位较低的人便绝对没有任何权力可以压迫和奴役地位较高的人民。国王既然没有权力为非作恶，人民的权利从自然秩序上来讲便是至高无上的。根据这个权利，人民在国王没有出现以前便已团结了自己的力量，商讨共同防御的问题。他们根据这个权利，为了保障大家的自由、和平和安宁，才指派一个或多个人

[①] 钱乘旦、陈晓律：《在传统与变革之间：英国文化模式溯源》，南京：江苏人民出版社2010年版，第30页。

来管理其余的人。根据这个权利，原先由于具备了智慧与勇敢而被选进政府的人，一旦由于懦弱、愚蠢、虚伪、奸诈的本质暴露，或临政暴乱时，人民便可以加以惩罚或废黜。因为自然关心的并不是一个人或少数人的权利，而是全体人民的普遍利益。至于一个人或少数人的权柄会因此而变成什么样子，它是不管的。"[1]自由主义构成了英国文化价值体系的重要环节，对英国乃至整个西方国家都产生了深远的影响。在政治领域，自由主义要求以法律的形式保障个人的基本权利、社会的正义和民主；在经济领域，自由主义推崇自由市场经济的运行法则，严格限制政府介入经济生活的范围和程度；在民族价值塑造方面，"生而自由"成为英国人骄傲的文化传统，以民族的名义写入了国家进步的光荣簿上。

二、英国自由主义内涵演变

传统自由主义就发源于英国，英国将"生而自由"的理念发展延续成为影响英国乃至整个西方国家价值体系的"自由主义"思想，并将其应用到社会生活的各个方面。自由主义在英国具有非常深厚的理论渊源，出现了许多杰出的自由主义思想家，包括潘恩、杰斐逊、大卫·李嘉图、J.密尔等。这里我们就简单介绍几位代表性学者及其理论，以此窥探英国自由主义内涵的发展脉络。首先，在17世纪，自由是贵族反抗王权力的武器，洛克由此提出了自由正义原则；18至19世纪，亚当·斯密就个人自由与国家功能展开论述，是经济自由主义的主要代表；19世纪中期至20世纪，英国现代自由主义的代表学者霍布豪斯提出了他独特的自由主义思想，他认为个人要与自己、与社会、与国家、与整个民族，甚至要与国际社会等社会共同体保持着和谐的关系，这样才能永葆自由，霍布豪斯在西方

---

[1] [英]约翰·密尔:《为英国人民声辩》，北京：商务印书馆1978年版，第109页。

被誉为"新自由主义理论家",是西方"福利国家"理论的先驱。

洛克是英国自由主义理论的开创人物,其著作《政府论》奠定了资本主义自由民主制度的价值基础。他的自由主义观点是对英国反对封建专制制度的总结,代表了新兴资产阶级对于自由民主制度的追求。洛克对个人权利、民主宪政、社会契约、三权分立等思想的论述为英国自由主义传统奠定了思考框架,他对于英国现代意义上自由主义的叙述也是最为深刻和完整的。著名学者萨拜因这样评价洛克:"他的天才的主要标志不是逻辑缜密,而是集中了无与伦比的常识,他借助于这些常识把认识集中起来,纳入他这一代更为开明的思想之中。他把这些道理用简明、朴实而有说服力的语言传给18世纪,成为英国和欧洲大陆往后政治哲学赖以发展的渊源。"[1]

作为古典主义奠基人,洛克的思想体系庞大深刻,这里试图从以下三个角度剖析洛克对于自由的理解。在自然权利方面,他以"自然状态"作为论证逻辑的起点,认为"一切权力和管辖权都是相互的,没有一个人享有多于别人的权力。极为明显,同种和同等的人们毫无差别地生来就享有自然的一切同样的有利条件,能够运用相同的身心能力,就应该人人平等,不存在从属或受制关系,除非他们全体的主宰以某种方式昭示他的意志,将一人置于另一人之上,并以明确的委任赋予他以不容怀疑的统辖权和主权"[2]。洛克坚决捍卫人的生命、财产和自由的权利,任何侵犯上述自然权利的行为都必须遭到反抗。

在政治哲学方面,洛克认为无限扩张权力是人类本性决定的,君主的统治权力需要得到人民的同意,未经授权的权威就不具有合

---

[1] [美]约翰·麦克里兰:《西方政治思想史》,彭淮栋译,海口:海南出版社2003年版,第231页。

[2] [英]约翰·洛克:《政府论》下篇,关文运译,北京:商务印书馆1996年版,第5页。

法性。政府建立在契约的基础之上，是个人权利让渡的结果，由于个人仅仅让渡了除自由、财产、生命之外的部分权利，因而政府的职能是有限的。个人与政府缔结契约的目的是"谋求他们彼此间的舒适、安全和和平的生活，以便安稳地享受他们的财产并且有更大的保障来防止共同体以外任何人的侵犯"①。包括国王在内，任何个人或者集体都不能脱离社会契约行使权力，政府本身是一种消极存在，其价值仅仅是完成为公民谋求公共福利。如果政府没有很好地履行契约，违背契约滥用权力的话，人民同样可以凭借其自然权利收回自己的权力，建立新的政府并与之缔结契约。

与此同时，洛克也指出自由不是绝对的，人类理性和法律发挥了规定自由尺度的功能。自由并非"个人乐意怎样做就怎样做，高兴怎样生活就怎样生活，而不受任何法律约束的那种自由"。准确地说，"人的自然自由，就是不受人间任何上级权力的约束，不处在人们的意志或立法权之下，只以自然法作为他的准绳。处在社会中的人的自由，就是除经人们同意在国家内所建立的立法权之外，不受其他任何立法权的支配；除了立法机关根据对它的委托所制定的法律以外，不受任何意志的统辖或任何法律的约束"②。由于国家立法权具有神圣不可侵犯的至高性，任何人都必须服从其强制性和权威性。被授权同意的法律作为社会成员的行为准则，根本理念是保障公众福利，保障每个人无论贫穷富贵在法律面前都是平等的，这种平等性是国家最高权力对个人自由的制度保障。

亚当·斯密是古典经济学大师，他提出"经济人"和"看不见的手"来证实资本主义经济制度的优越性。这种符合工业精神的理论体系突破了封建制度对经济发展的束缚，自由放任经济政策对英

---

① ［英］约翰·洛克:《政府论》下篇，关文运译，北京：商务印书馆1996年版，第59页。
② ［英］约翰·洛克:《政府论》下篇，关文运译，北京：商务印书馆1996年版，第16页。

国,以及世界上所有其他资本主义国家都产生了深远影响。斯密关于自由贸易和自由竞争的思想成为当时西方资产阶级发展经济和阶级斗争的理论武器,马克·布劳格曾评价他说:"在评价亚当·斯密或其他任何经济学家时,我们应该时时记得单纯处理分析性概念的光彩与牢牢抓住经济关系的必要逻辑有很大不同。高级的技术技巧并不必然意味着高级的经济思想,反之亦然。就分析能力标准来评判,斯密可能不是18世纪最伟大的经济学家;但就经济过程本质的洞察力而言,就经济智慧而不是理论的优美而言,斯密在18世纪、19世纪是独一无二的。"[1] 可以肯定的是,亚当·斯密为经济自由主义的发展树立了开创性的坐标轴,经济自由主义从理想和理念演变为具有宏大论证体系的经济世界的道德标准。

具体来讲,斯密认为人类行为带有不同的动机,个人利益之间形成的平衡关系成为协调个人利益和他人利益之间的微妙关系。在利己心的驱动下,产生社会分工和经济交易行为,这些都是由斯密命名的"无形的手"引导着完成的,"一只看不见的手,实行生活必需品的分配,就同地球如果在其居民中按等份本来就会分配到的没有什么两样;这样,既非出于有意,事前也不知道,就增进了社会利益,并且提供了物质繁殖的手段。当上帝在给少数的贵族主子们分割地球时,既没有忘记也不会排斥那些似乎留在这个分配之外的人。这些人生存着,也分享着地球全部生产中属于他们的份额"[2]。根据这种理论,人类的协同合作都是利益交换的结果,是人类在利己心的作用下产生了推动社会经济进步的结果。整个社会都是由追求自利的"经济人"构成的,依据人类本性就可以将经济交易和社会

---

[1] Blaug Mark, *Economic Theory in Retrospect*, Cambridge, UK: Cambridge University Press, 1985, p.63。

[2] [英]亚当·斯密:《道德情操论》,钦北愚等译,北京:商务印书馆2009年版,第36页。

资源分配引领到良性循环的轨道,因此,政府对于这一领域最好采取"自由放任"和"不干涉主义"的政策。斯密指出:"由于每个个人都努力把他的资本尽可能用来支持国内产业,都努力管理国内产业,使其生产物的价值能达到最高程度,他就必然竭力使社会的年收入尽量增大起来。确实,他通常既不打算促进公共的利益,也不知道自己是在什么程度上促进那种利益。由于宁愿投资支持国内产业而不支持国外产业,他只是盘算他自己的安全;由于他管理产业的方式目的在于使其生产物的价值能达到最大程度,他所盘算的也只是他自己的利益。在这场合,像在其他许多场合一样,他受一只看不见的手的指导,去尽力达到一个并非他本意想要达到的目的。也并不因为事非出于本意,就对社会有害。他追求自己的利益,往往使他能比在真正出于本意的情况下更有效地促进社会的利益。"①总之,亚当·斯密推崇每个人都能自由地追逐财富,政府干预让位于"看不见的手",市场经济可以满足经济效益最大化,同时实现人的自由全面发展。他对于英国自由主义理论体系的突出贡献是完善了经济自由主义道德伦理内容,改变了国家的经济价值观,为英国自由主义进一步发展准备了经济心理基础。

霍布豪斯是19世纪中叶到20世纪中叶英国新自由主义的代表人物。他针对古典自由主义提倡的"自由放任"政策做出反思,论证了自由与限制的关系。1911年,霍布豪斯出版专著《自由主义》,以及后来出版的《社会进化与政治学说》《社会正义要素》《形而上学的国家论》等,比较全面论述了他对于自由主义的理解和发展。古典自由主义严格限制政府对于社会生活的干预,无论是政治生活还是经济生活,政府的权力都被规定在最小的范围之内。霍布豪斯对此做出完善,将个人自由与社会联系起来,提出个人自由不能脱

---

① [英]亚当·斯密:《国民财富的性质和原因的研究》下卷,北京:商务印书馆1974年版,第27页。

离社会基础。"社会自由是以限制为基础的。一个人只有在他人无法防害和干涉他的情况下才能自由地指引自己的生活。"① 个人和社会是一对相互依存的组合，社会成员的人格发展和自由权利与整个社会的进化理想应该是一致的，"它依靠各部分的协调生长而存在并繁荣昌盛，每个部分在按照自己的方式和性质发展的过程中，也促进其他部分的发展。每一种自立的社会生活都带一点这种和谐，因为如果各种相抵触的冲动占上风，社会就会崩溃，当他们确确实实占上风时，社会也确确实实崩溃了"②。基于上述逻辑，霍布豪斯并不赞同古典自由主义完全放任的不干涉政策，认为国家在社会发展中可以发挥积极作用。他将国家职能归纳为保护个人生命和财产的责任，和为个人能力自由发展提供良好社会保障制度的责任。"我们可以正当地把国家当作是人类维护和提高生活的许多种联合中的一种，这是一个总的原则。""国家的职责是为正常健康的公民创造自食其力的条件。履行这个职责可以从两方面着手。一方面是提供获得生产资料的机会，另一方面是保证个人在共同库存中享有一份。"③ 总之，霍布豪斯积极地界定个人自由与国家职能，更加深刻剖析个人与社会有机体的互动关系，为英国自由主义加入福利道德思想基础。

霍布豪斯自由主义思想的最大特征是其辩证思维的运用。他辩证地理解自由的积极层面和消极层面，辩证地分析个人与社会的关系，辩证地界定人格自由与国家职能的范围等等。霍布豪斯在坚持自由主义基本原则的前提下，借鉴社会主义某些价值理念丰富和完善自由主义理论，推动英国自由主义进入了新自由主义发展阶段。皮特·威勒认为，"霍布豪斯提前预计到了凯恩斯主义

---

① ［英］霍布豪斯:《自由主义》，朱曾汶译，北京：商务印书馆2005年版，第70页。
② ［英］霍布豪斯:《自由主义》，朱曾汶译，北京：商务印书馆2005年版，第68页。
③ ［英］霍布豪斯:《自由主义》，朱曾汶译，北京：商务印书馆2005年版，第57页。

在战后的发展和影响,他的新自由主义理论是现代福利国家的理论基础之一。"① 他的观点适应了当时英国的现实需要,对自由主义的修正和改造为该理论的发展繁荣注入新的动力,英国自由主义理论增添了"自由社会主义"这一新的概念体系,由此引发关于福利国家的一系列制度和价值观讨论,对英国自由主义政治经济制度的设计,对西方资本主义政治思想演进都产生深刻的影响。

第三节　保守主义

保守主义是英国又一有着深厚渊源的文化传统,保守主义几乎与英国民族的发展相伴相生,只是到 18 世纪后期才得以系统化、理论化。得益于英国经验主义思维传统,保守主义思想的历史可以追溯到 1594 年理查德·胡克的《论教会体制的法则》一书,借助宗教思考明确表达了保守主义的主要观点。实际上,保守主义坚定追求的目标是模糊的,内容也很难准确界定,英国保守主义体现得更多的是一种价值取向,即人们通常倾向于保持既有的制度,倾向于延续历史性的实物。保守主义推崇稳定性和连续性,这一点突出地反映在英国政治制度革新的历史上,"如果制度出现故障,需要改革,那么在革新过程中的选择,必须从对历史的反思中寻求指导,因为那是汲取人类经验教训的正确途径"②。"只能局限于有毛病的部分,局限于有必要做出改动的部分;就连在这种时候,也只能在不会瓦解国家与政治整体的条件下进行,目标是从原有的社会因素中创建新的国家秩序。"③

---

① Peter Weiler, "The New Liberalism of L.T. Hobhouse", *Victorian Studies*, 16: 2 (Dec. 1972), p.161.

② [英]爱德蒙·柏克:《自由与传统》,蒋庆、王瑞昌、王天成译,北京:商务印书馆 2001 年版,第 9 页。

③ 阎照祥:《英国政治制度史》,北京:人民出版社 1999 年版,第 185 页。

一、英国保守主义基本特征

英国保守主义的内涵和影响是深刻的,维持稳定、延续历史的价值倾向几乎可以成为英国风格的代名词。虽然从18世纪传统保守主义诞生之初一直到20世纪新保守主义方兴未艾,其内涵经历了复杂的演化,但保守主义作为英国文化的主要构成部分仍然具有一以贯之的基本特征。

首先,英国保守主义具有天然的求稳心理。保守主义并非完全拒绝进步,只是对改革的方式和程度持谨慎态度。这种理念源于英国人对自我历史传统的珍视和骄傲,对英国这样一种讲求经验和实践的民族,经过时间证明的制度才是可靠的。保守主义代表人物休·塞西尔这样解释英国文化中保守主义存在的合理性,他认为:"天然的守旧思想是人们心灵的一种倾向。那是一种厌恶变化的心情;它部分地产生于对未知事物的怀疑以及相应地对经验而不是对理论论证的信赖;部分地产生于人们所具有的适应环境的能力,因此,人们熟悉的事物仅仅因为其习以为常就比不熟悉的事物容易被接受和容忍。变化不但是可怕的,它也使人疲劳。当人们试图去了解和判断一项新计划时,这种努力总要消耗精力,使他们不堪负担,判断力和识别力在他们内心发怵。为什么抛弃安全的已知事物而去追求可能有危险的未知事物呢?"①

其次,英国保守主义保持着对权威的高度敬畏。保守主义守旧但不会拒绝进步,尊重权威但并不推崇个人专制。保守主义仅对那些符合时代进步的,满足社会正义和自由的权威表现出格外的尊重,而对于试图集中权力建立威权体制的行为则坚决反对。保守主义认为,"人的本质是复杂的,而社会的目标则更为复杂,因而没有

---

① [英]休·塞西尔:《保守主义》,杜汝辑译,北京:商务印书馆1986年版,第3—4页。

一种简单的权力安排或导向能够适合人的本性及其事务所要求的质量。当我听到简单性是这种新设置的目标，并以此在任何新的政治组织中自豪，我就开始怀疑是不是这些设计家们完全不知道他们的职业或职责。简单政府基本上是无效率的，不可能得出比这更好的评语。""从效果上考虑，或许每种政体都会说它的简单方式比复杂的形式更能完美地达到复杂的目标，但就其整体的效果而言，事实往往不是这样，当它为某些部分提供优良服务时，其余部分可能完全被忽略了，或者在物质上受到了伤害，因为它对中意的成员过分关心了。"也就是说，保守主义虽然对社会变革表现出担心，并仍然希望维持传统的权威性，但这种谨慎是基于对社会稳定发展和改革过程的责任感。

最后，英国保守主义重视宗教对社会生活的重要意义。保守主义者对人性持谨慎的怀疑态度，他们认为人的天性，包括贪婪、自私、暴力、嫉妒等等，这些与生俱来的人类本性才导致了社会不平等和非正义的出现。宗教具有道德感召的强大力量，可以促使人们反思并完善人格修养，实现精神层面的救赎。保守主义认为宗教可以成为人类邪恶本性的最终归宿，同时尊重个人对于信仰的选择。柏克认为，"这些宗教信仰和宗教仪式，只要他们是经过长时期实践，并在这些人的心中成为与自己的其他权利一样神圣的权利时，他们就应该得到这个社会的保护。而无论伊斯兰教还是印度教，他们与基督教在道德和人格方面都是平等的"[①]。保守主义对宗教的尊重，实质是对于文化历史积淀的维护，对传统美德和价值观的珍视。正如斯科拉顿的评价，"没有宗教，法律和道德就失去了权威，宗教观念广泛而深入地渗透到当代世俗生活的各个层面，成为人们许多

---

① Robert Nisbet, *Conservatism*, University of Minnesota Press, 1986, p.70。

自然倾向和传统习俗与成见的源头"①。

二、英国保守主义传承与变革

从 18 世纪开始，英国保守主义经过两个世纪的发展和抗争，成为英国文化的一个重要标志。"在英国，保守主义思想的源头有两个，一为宗教，一为世俗。前者以理查德·胡克、爱德华·海德、克拉兰敦、塞缪尔·约翰逊、伯克、柯勒律治和牛津运动的主要人物红衣主教纽曼为代表，后者则是以绰号'骑墙派'的哈利法克斯、波林布鲁克和大卫·休谟为代表。"② 最初，保守主义并没有成体系的理论框架，仅仅是一种维护传统和秩序的价值倾向和实践习惯。英国保守主义主张维护王的权力和贵族的统治，但并不是反对社会进步和变革，更不会支持王朝复辟或者历史倒行逆施。实际上，真正的保守主义政治家们坚决维护议会的权力和自由，并在英国历史的转折时刻发挥关键性作用，如 1667 年爱德华·海德被解职，查理二世试图恢复君主专制制度之时，"保守主义被放在一个极其难堪的位置上，他们要么放弃原则，无条件地承认王权的绝对权力，承认服从是最高的行为准则；要么承认变革的时机已经来临，从而改变现状，做事实上的变革派。保守主义最终选择了后者，参加了'光荣革命'，尽管是以维护传统的名义参加的"③。由此，保守主义以实际行动表明，保守不等于守旧和顽固不化，而是选择更加谨慎和稳重的方式推动社会进步。

光荣革命之后的托利派成为英国保守党的前身，在这之后相当

---

① ［英］罗杰·斯科拉顿：《保守主义的含义》，王皖强译，北京：中央编译出版社 2005 年版，中译者序。

② A. Quinton, *The Politics of Imperfection: The Religious and Secular Traditions of Conservative Thought from Hooker to Oakeshott*, London, 1978, p.10。

③ 钱乘旦、陈晓律：《在传统与变革之间：英国文化模式溯源》，南京：江苏人民出版社 2010 年版，第 148 页。

长的一段时间内，英国国内的政治势力普遍采取保守主义的政治取向，以便维持现有制度的持续运作。布莱克斯通曾这样描述当时英国的政治制度，"英国政府的真正长处确实就在于此，其中所有部分都彼此制约。在立法机构中，人民制约贵族，贵族也制约人民，相互都有拒绝另一方已决定之事的特权，而国王则制约双方，以保证行政权力不受侵犯"。"这种政治或公民自由的观念和实践在我们这些王国繁荣昌盛、最充满活力，它几乎就是完美无缺，只有其拥有者的愚蠢与过失才能失去或摧毁它。"[①]英国人永远不会轻易模仿未经验证的发展模式，但也绝不重复那些已经发现缺陷的旧制度，就像传统包括继承和发展两个部分，变革同样是传统延续的内容和动力。正如柏克的经典论述，"我绝不排除另一种可以采用的办法，但是，即使我改变主张，我也应该有所保留"[②]。这一观点已经成为英国保守主义的座右铭和政治哲学概括。

直到1834年，罗伯特·皮尔发表《塔姆沃思宣言》，标志着英国保守主义作为政党意识形态确立。这一宣言代表了托利党保守主义的正统观点，"如果说，接受改革法的精神就意味着我们将生活在一个永久动荡的漩涡中，公务人员只有接受当时公众的每一项意见才能使自己得到人民的尊重——答应立刻纠正任何人都可能称作是弊病的东西"。"假如这就是改革法的精神，我就不会去接受它。但假如改革法的精神只是对国家及宗教制度进行细心的审阅，采取善意的态度，在坚决维护现有权利的前提下对确定的弊病和真实的抱怨加以纠正——如果是这种情况，我就可以说我自己和我的同事将以这种精神行事。"[③]皮尔将英国保守主义向前推进了一大步，建立了

[①] ［英］布莱克斯通：《英国法律评注》，载《英国史文集》第十卷，伦敦出版社1969年版，第89页。
[②] ［英］休·塞西尔：《保守主义》，杜汝辑译，北京：商务印书馆1986年版，第40页。
[③] 《英国史文集》第十二卷，伦敦出版社1956年版，第128—129页。

适应新环境的英国保守党意识形态，为英国保守主义确立了有保留地变革这一基本原则。此后，曾经两次出任保守党内阁首相的迪斯雷利又提出推动政治改革和社会改革的"新托利主义"，主张"任何政府都是为了它治下的人民的利益而存在的，教会与国王、上院与下院，以及所有的公共机构都必须维持，只要它们对增进百姓的幸福与福利有益，就应该维持。人民应获得选举权，这种让步是为了让他们投提高他们利益的人的票。这是民主的原则，因为它的最高目的是人民的福利；但它又是托利的，因为国家的政体是达到这一目的的手段"[①]。此举将工人阶级纳入保守党的社会基础，增强了保守党的竞争力和生命力。

随着福利资本主义的弊端日益显现，新保守主义应运而生。新保守主义产生于20世纪后期，是对公民权利和政府职能范围的反思。新保守主义主张，英国节约社会福利开支，鼓励公民实现自立，培养个人的主动精神和进取精神。仔细分析不难发现，新保守主义的观点与英国自由主义强调的价值异曲同工，推崇个人自由，减少政府干预，其代表为英国的"铁娘子"撒切尔夫人和她所推行的控制福利项目的改革，甚至有学者评价道，"有一点人们还没有看出来，即玛格丽特·撒切尔就其信仰而言并不是托利党，而是个19世纪的自由党"[②]。新保守主义理论重新强调个人主义与自由市场的原则，反对侵蚀英国民族精神的福利资本主义政策，稳重的保守主义实际上是借助传统的名义推进现实的政治、经济和社会改革。新保守主义既不想复制传统保守主义的观念，也不会彻底回到19世纪的自由放任资本主义模式，这一理论追求的是一种混合的政治哲学，即用自由主义的态度处理经济发展问题，同时用保守主义的态度引

---

① [英]T. F. 林赛、M. 哈林顿：《英国保守党》，上海：上海译文出版社1979年版，第18页。
② [美]艾伦·斯凯德、克里斯·库克：《战后英国》，英国企鹅出版社1986年版，第329页。

导应对社会问题。总之，纵观英国保守主义在各个发展阶段，虽然在内涵和实践中不尽相同，但一以贯之的是对英国文化中的重视道德和自由理念的坚定维护，这种对于传统的维护至今仍然影响着英国国家行为的风格。

第四节 功利主义

功利主义诞生于资本主义力量上升时期，其基本原则为"最大多数人的最大幸福"。这种符合西方工业革命的新型伦理体系首先在英国确立了其伦理权威地位，之后又伴随资本主义的发展逐步对西方社会产生深刻影响。其中最具代表性的两位学者是杰里米·边沁和约翰·斯图亚特·密尔，前者第一个提出功利主义理论，开创了功利主义伦理研究的先河；后者则对边沁的理论做出重大修正和发展，集大成地完善了功利主义理论体系。总的来说，英国古典功利主义是功利主义成果最为耀眼的阶段，对英国社会进步发挥的作用也最为深刻，可以说，英国古典功利主义已经成为不列颠的民族精神的重要方面。

一、英国古典功利主义缘起

18世纪末19世纪初，功利主义才以伦理学说的形式产生于英国，这是一种讨论利益和道德标准的价值观体系。英国率先出现功利主义运动有其独特的主客观条件。第一，英国工业革命为功利主义的产生创造了经济基础。随着机器大工业的普遍应用，社会财富增长的速度被极大地提高，社会资本也以空前的速度迅速集中到少数资本家手中。社会生产力的进步引发了人们对于财富分配的思考，也使社会各个阶层人们之间的利益关系日益复杂化。社会经济基础的急剧变更需要新的社会观念和道德规范与之相适应，为新的生存和生活方式做出令人信服的解释。此时，古典功利主义提出了"最大多数人的最大幸福"基本观点，正是对18世纪英国经济基础发生的巨大变革总结出的社会伦理共识。正如马克思指出的，"推动哲学家前进的，绝不像他们所想象的那样，只是纯粹思想的力量，恰恰相反，真正推动他们前进的，主要是自然科学与工业的强大而日益迅速的进步"[1]。

第二，英国政治权力关系发生变化为功利主义酝酿舆论环境。从英国建国之初至工业革命之前，贵族在国家政治、经济、社会生活中享有各种特权；然而，工业革命不仅创造巨大的社会财富，也催生出拥有巨大社会财富的新兴工业资产阶级。代表先进生产力的资产阶级无法忍受贵族们利用手中的政治优势地位欺压本阶级，他们希望将经济实力转化为政治影响力，改变无权现状。国内政治资源亟待重新分配，阶级矛盾尖锐，既有政治权力关系已经成为经济发展的绊脚石，此时，边沁提出的改革议会选举制度，为资本主义生产关系和资产阶级权利辩护，关注社会共同利益最大化的温和改良理论适应了政治关系各方的需要，也是顺应时代潮流的客观选择。

第三，英国理性思维传统为功利主义提供了理论准备。以培根为代表，英国经验主义哲学传统对以后英国各种理论思潮都产生了深刻影响，功利主义也不例外。英国民族文化强调稳重和务实，主张谨慎地渐进，英国人永远不会轻易模仿未经验证的发展模式，但也绝不重复那些已经发现缺陷的旧制度。鉴于当时英国严峻的经济、政治矛盾，新兴资产阶级亟需一种理论工具，既能够消除那些制约

---

[1] 《马克思恩格斯选集》第4卷，北京：人民出版社1972年版，第222页。

经济的因素，又能够将社会改良引起的动荡降低到最低限度。功利主义的主张同时关注了个人利益和社会共同利益，个人自由与普遍幸福，温和地将功效、功用、利益等评判标准引入社会生活的各个方面。功利主义避免激进和剧烈改革，符合英国人的心理习惯和思维习惯，同时努力揭示伦理道德和经济利益的关系，为资本主义生产方式提供合理辩护和解释，在当时的环境下为谋求个人利益和社会利益协调发展作出了积极贡献。

总之，功利主义是英国18世纪末19世纪初的必然产物，是英国传统经验理性哲学在英国工业革命时期的应用，代表了英国新兴工业资产阶级的政治诉求和经济发展愿望。"最大多数人的最大幸福"为社会政治正义提供了基本伦理原则，也成为资本主义经济发展新的利益导向。功利主义关心个人幸福，提倡合理的利己行为，同时积极完善社会制度，将个人道德改造和宏观制度改革相结合，这些思路深深融入英国政治哲学的脉络之中，又以各种不同的文化形式表现出来。

二、英国古典功利主义主要伦理思想

边沁和密尔是古典功利主义的最重要代表人物，其思想深刻影响了西方近代伦理发展历程。前者于18世纪末19世纪初创立了英国古典功利主义，后者则成为这一理论的集大成者。本部分将简单梳理二人的功利主义思想，以及该理论如何构成英国文化的主要内容和道德渊源。

边沁是古典功利主义的创始人，他的理论主要由苦乐原理、效果论和功利原则三个基本原理构成。其一，苦乐原理的基本含义是人的终极动力是追求快乐，一切行为都可以用痛苦与快乐加以计算。边沁将社会正义、责任、道德等价值要素与苦乐相联系，认为个人感性赋予这些道义以意义，痛苦与快乐才是人类行为的最终目标。鉴于此，立法者要特别注意人们是否快乐的感受，并以此为依据制定规则规范个人的行为，"组成社会的每个个人的幸福，亦即他们的快乐与安宁，是立法者所应该注意的唯一目标，而在事情取决于立法者范围以内，他都应当依据这个唯一标准使每一个人去规范自己的行为。但是究竟使一个人做这件事，还是做别的什么事，则除了苦与乐之外，再没有其他东西可作最后决定了"①。此外，个人的苦乐感受也是评判是非善恶的唯一标准。边沁认为苦乐没有质的区别，只有量的不同，因此苦乐的程度可以像物理学一样计算出来，并列出了七项影响因素：强度、持续性、确定性、远近性、繁殖性、纯洁性、广延性。苦乐计算方法是边沁功利主义的创新之一，反映出英国实证和检验传统对伦理学的深刻影响。然而，这种将自然科学研究方法引入道德分析判断的做法有明显的缺陷，苦乐的主观性决定了对其准确量化是难以实现的。

其二，效果论是对苦乐原理的延伸，即人类趋乐避苦的天性主导了个人行为的动机，从根本上讲这一动机并无善恶之分，唯有依据行动的效果才能够判定动机的善恶。"动机善是由于它有产生'快乐'或阻止'痛苦'的趋势；动机恶是由于它有产生'痛苦'或阻止'快乐'的趋势。"②边沁认为，没有一个动机本身是恶的，只有行动产生了不好的结果，才能证实这一动机的性质，"快乐本身就是善，撇开免除痛苦不谈，甚至是唯一的善。痛苦本身就是恶，而且确实毫无例外，是唯一的恶。否则，善恶、好恶这几个词就毫无意义。每一种痛苦和每一种快乐，都是如此。因此，接下来顺理成章

---

① 周辅成：《西方伦理学名著选辑》下卷，北京：商务印书馆1987年版，第223页。
② 周辅成：《西方伦理学名著选辑》下卷，北京：商务印书馆1987年版，第220页。

和无可争辩的是，不存在任何一种本身是坏的动机"[1]。这里体现了功利主义的辩证思维，将动机和行为效果作为一个整体进行考量，进而得出结论，只有行动效果才能决定个人的道德性质，好的结果和坏的结果之间的差异体现出不同的伦理评价。

其三，功利原则。边沁这样解释功利的概念，"功利原则是指，无论我们对任何一种行为予以赞成或不赞成的时候，我们是看该行为增多还是减少当事者的幸福；换句话说，是看该行为增进或者违反当事者的幸福为准。这里我说的是对任何一种行为予以赞成或不赞成，因此，这些行为不仅要包括个人的每一个行为，而且也要包括政府的每一项措施"[2]。具体来说，可以分为个人的幸福和最大多数人的最大幸福两个方面，即个人利益与社会共同利益。边沁认为，社会是由每一个个人组成的，那么社会利益就是由每个个人利益构成的，"不了解个人利益是什么，而奢谈社会利益，是无益的。一件事物如果趋于增大某个人的快乐之总和，或者（也是一回事）减少他的痛苦之总和，那么我们就说它是增进那个人的利益或者有补于那个人的利益的"[3]。在边沁看来，个人利益简单相加之和就是社会利益，追求个人幸福的努力联合起来自然就实现了社会最大幸福的增加。

最后，边沁功利主义思想从人的自然本性出发，讨论个人道德的最终极标准，将善恶的所有合理性都归结于是否幸福快乐这一唯一标准。一方面，边沁功利主义将善恶与宗教相脱离，反映出其反封建反宗教的鲜明立场。同时，关于苦乐的计算方法也具有开创性价值，为后来英国思想文化理论的发展提供一种启发性的思维方式。

---

[1] ［英］边沁：《道德与立法原理导论》，时殷弘译，北京：商务印书馆2000年版，第151—152页。

[2] 周辅成：《西方伦理学名著选辑》下卷，北京：商务印书馆1987年版，第211页。

[3] 周辅成：《西方伦理学名著选辑》下卷，北京：商务印书馆1987年版，第212页。

另一方面，边沁理论本身存在明显缺陷，比如道德价值被工具理性所取代，个人实现和提高道德水平都被定义为功利性质的行为。边沁简单地用行为效果来反推动机性质也不够客观，甚至是难以实现的。最后，边沁试图用"最大多数人的最大利益"替换公共利益这一概念也值得商榷，认为追求个人利益与社会利益是完全一致的过程，两者存在必然的正相关关系。但实际上，边沁是为功利性地追求个人利益做辩护，建构一种论述精密的利己主义理论。综上所述，边沁功利主义理论在当时还是具有相当的积极意义的，历史地评价他的思想有助于我们更好地理解英国文化的深层含义。

密尔在继承了边沁功利主义的基本概念的基础之上，对边沁的理论做出了重大修正和发展。首先，关于苦乐的性质问题，边沁的观点是苦乐只有量的不同，没有质的区别。密尔则认为，"承认某些种类的快乐比其他种类更惬意并更可贵这个事实是与功利主义十分相符合的。我们估计一切其他东西的价值的时候，都把品质和分量同加考虑"[①]。密尔将快乐分为两种，肉体的享乐和精神享乐，认为每个人对于不同快乐的理解和倾向是不同的，即便这一层面的享乐在数量上是少的，也不会因此就换取其他方面更大数量的快乐。密尔得出结论，越是一个受过教育的、有着更高自尊心的人，对快乐品质的要求也就越高，高等心能的人很难从一般的快乐中获得满足，"这种品质上的优胜超出分量的方面那么多，所以相形之下，分量就变成微不足道的条件了"。"极少人肯因为约定给他尽量兽类的快乐而答应变成任何种比人下等的动物；没有心地明白的人肯答应变成傻子，没有受过教育的肯变成无知识者，没有有感情有良心的人肯变成自私的卑鄙的人的；就是能够说服他们使他们相信傻子、无知

---

① ［英］密尔：《功用主义》，北京：商务印书馆1957年版，第8页。

识者及流氓对于自己的境遇比他们对于他们的更觉得满意，他们也不情愿变换。"①

其次，密尔对于"最大多数人的最大幸福"原则也做出修订，加入利他主义思想，"构成功利主义的行为对错标准的幸福，不是行为者本人的幸福，而是所有相关人员的幸福，而这一点是攻击功利主义的人很少公平地予以承认的"②。密尔强调任何人的快乐并不比其他人的更加重要，他人的幸福乃至社会公共利益都应成为个人功利追求的重要内容。相比较边沁的幸福观，密尔对幸福的定义更加丰富，确定影响快乐的道德标准使考虑的要素也更加全面，如美德、健康、音乐、名誉、金钱等等。特别是密尔提出自我牺牲的利他主义观点，认为为了集体的利益舍弃个人利益是比幸福快乐更高级的道德追求。在一个不完美的世界，需要有意义的自我牺牲，促进公共幸福的增加，最终的目标同样可以实现最大多数人的最大幸福。"功利主义绝不是不主张自我牺牲的道德不是它所有的，而只是为斯多亚派或超验派的道德看成是正当合理的。功利主义的道德认识到在人们之中为了其他人的利益牺牲他自己的利益的力量。它只是拒绝承认牺牲本身是一种善。一种牺牲如果不增加或不能有利于增加幸福的总量，功利主义则把它看成是浪费。只有这种自我舍弃是值得赞扬的：它是致力于其他人的幸福，或达到其他人的幸福的工具，或者是致力于人类集体的幸福，或者是在人类集体利益限度内的个人幸福。"③ 概括来说，边沁的功利主义突出强调个人利益的至高地位，是一种精致的利己主义；密尔的功利主义鼓励有价值的自我牺牲，是一种理性的利他主义。

---

① [英]密尔:《功用主义》，北京：商务印书馆1957年版，第9页。
② [英]密尔:《功用主义》，北京：商务印书馆1957年版，第10页。
③ John Stuart Mill, "Utilitarianism", seen in *Writers on Ethics*, edited by Josehp katz and soon, C. Van Nostrand Company, INC, 1962, p.118.

第三，关于功利行为的道德评判标准，密尔一方面肯定了边沁功利主义利用效果确定道德善恶的效力，同时提出外在的强制力不足以推动个人伦理水平的提升，内在良心的自我挖掘也是重要工具。良心是内心的情感，"这种情感假如是无偏私的与纯粹的义务观念相连，而不只牵连特种义务或任何附属的情况，那么，它就是良心的精髓"①。良心的本质是同情，是爱，是各种形式的宗教情感。密尔认为，良心不是先天的，是后天习得的，"道德官能，就像上面提及的其他后天获得的能力一样，即便不是我们本性的一部分，也是从我们的本性中自然生长出来的，它像其他的能力一样，能够自发地萌发小芽，并通过培育而得到高度发展"②。因此，功利主义是可以通过道德培养而内化为一种伦理意识形态的，形成个人的道德习惯。借助所谓联想原理，个人从利他行为中获得快乐和满足，这种行为不断重复就可以淡化远处的利己主义本性，提升内在美德水平。良心是非常有效的内部道德制约力，与外在社会环境制约力一道规范人们形成优秀的伦理观念和行为习惯。密尔的良心内部制裁是对边沁功利主义的补充和完善。

总之，古典功利主义提倡的合理利己主义为当时英国社会道德体系和经济体系之间的关系做出了有价值的解释。对个人利益和社会公共利益的辨析也体现出功利主义学者们试图弥合二者对立的努力。功利主义最为突出的贡献在于对个人幸福和社会公共幸福关系的论述，"在他的幸福取决于他前一部分行为的限度内，这种幸福被说成是取决于对自己的义务。……而一个人靠履行这类义务（如果要称作义务的话）表现出来的品质，便是慎重。要是他的幸福以及其他利益相关者的幸福，取决于他的行为当中可能影响他身边人的

---

① ［英］密尔：《功用主义》，北京：商务印书馆1957年版，第30页。
② ［英］密尔：《功用主义》，北京：商务印书馆1957年版，第30页。

利益的部分，那么在此限度内这幸福可说是取决于他对邻人的义务。于是，伦理就它实质涉及一个人在这方面行为的艺术而言，可以叫作履行一个人对邻人的义务的艺术。其邻人的幸福，可以用两种方式来对待：（1）消极方式，即避不减损之；（2）积极方式，即试图增长之。因而，一个人对其邻人的义务，部分是消极的，部分是积极的。履行消极部分，是谓正直；履行积极部分，是谓慈善"[①]。古典功利主义为英国社会乃至西方资本主义处理个人与社会的平衡关系提供了非常有价值的思路，激发了人们从哲学层面探讨二者辩证协调发展的道德含义和现实意义，具有积极且深远的理论光辉。

第五节 宗教文化

英国宗教文化是独立于其他思潮的特殊文化样式，是主要由宗教信条或者教会传统构成的完整世界观、价值观系统。宗教文化是以信仰为核心的文化形式，体现了个人的内在情感和思想观念，同时也反映出特定时期的社会政治、哲学、道德发展水平。西方国家宗教与世俗社会的关系非常紧密，政治上，宗教权力与国王权力之争贯穿着整个中世纪；经济上，教会经济占据了国家经济总量相当大的份额；社会发展方面，宗教改革与国家政治制度改革息息相关，并且拉开了西方资本主义改革的序幕；精神生活方面，宗教具有强大的社会感召力，国家处理重大事务时往往利用宗教信仰组织发动社会成员等等。总之，英国宗教文化与社会发展是紧密联系在一起的，教会利用其超自然的信仰力量和现实的物质资源深刻影响着国家文化特质的内容。

---

① ［英］边沁：《道德与立法原理导论》，时殷弘译，北京：商务印书馆2000年版，第350页。

一、英国宗教改革发展

英国最初是信仰天主教的国家，经过亨利八世的改革，英国与罗马教廷逐渐决裂，英国安立甘教发展成一种既保留了天主教传统，又融入英国特色的新的教派，英国教会具有国教地位。此后，英国国教又经历了爱德华六世改革、血腥玛丽天主教复辟、伊丽莎白恢复国教等一系列曲折发展的历程。英国国教从来就没有获得宗教在欧洲大陆享有的强大权势，关于宗教的信仰从来就是各个派别多元共存的状态，诺曼征服者们更是不愿接受英国教会的约束。英国宗教改革与社会变迁是相互影响又相互促进的，共同推动英国宗教体制、政治制度、社会制度的演进。

16世纪初期，亨利八世采取一系列改革措施，试图将罗马天主教改造为英国民族宗教，"当时国民生活中有一个特点是显而易见的，它后来成为亨利得到支持的基础。这就是一种强烈的民族意识的发展——一种英格兰属于英格兰人的感情，要激发这种感情来抵制无论来自何处的一切外国侵略，实在是易如反掌"[①]。这些措施的根本目标是削弱天主教会的权力，增强世俗国王的权力。英国国会随即颁布了《禁止上诉法案》和《至尊法案》，以此来向教皇施加压力，特别是后者宣布国王为英国教会的最高首领，国王拥有任命教职人员、修改教义内容、召开宗教会议等重要权力。英国教会更名为安立甘教，又称英国国教。亨利八世宗教改革很大程度上使英国摆脱了罗马教皇宗教势力的控制，加强了封建王权专制，取得了国王对于宗教的最高权威。同时，英国国教仍然保留了天主教的基本教义和教会制度，有效控制了改革引起的震动，更有利于达成目标

---

① ［美］威利斯顿·沃尔克:《基督教会史》，孙善玲、段琦等译，北京：中国社会科学出版社1991年版，第454页。

和保存成果。总的来说，在当时的环境下，亨利八世的改革是有积极意义的，他巧妙利用了离婚案作为改革的导火索，又善于激发岛国人民天性热爱自由、强烈反抗来自任何外部力量压制的民族情绪，最终实现了自己的政治目标。

亨利之后，英国教会坚持游走在罗马天主教和新教之间，保持着谨慎的平衡。其后人有两位曾试图打破这一暧昧的宗教态度，分别是爱德华六世宗教改革和"血腥玛丽"宗教改革。爱德华六世宗教改革实际上是一种过渡，是对亨利宗教改革的推进，同时为之后伊丽莎白一世宗教改革奠定基础。爱德华本人是一名新教徒，在他的努力下新教势力不断挤压天主教的生存空间。在新教运动中，英国先后颁布了《划一法》和《祈祷书》，1522年《划一法》明确规定，"在星期日和节假日不去参加公共礼拜的人将被开除出教，而那些参加规定礼拜仪式以外的礼拜的人第一次将被处以六个月的监禁，第二次一年，第三次则将受到终身监禁的处罚"[1]。而在《爱德华六世第二祈祷书》中，也对于教会仪式作出新的规定，"原先的祭坛被改为圣餐桌，同时教士的法衣被规定为只能是宽大的白色法衣，原先具有天主教色彩的驱邪仪式和涂油仪式全部被取消，它沿着新教方向大大迈进了一步"[2]。通过一系列举措，爱德华六世宗教改革使传统的宗教制度遭受剧烈冲击，宗教改革的影响波及上层建筑，对社会心理承受能力提出挑战。民众一时难以适应诸多新的教规，精神世界的平稳秩序被打乱，许多人对新教运动产生了抵触情绪。这直接导致后来"血腥玛丽"宗教复辟的发生。

爱德华的继任者玛丽与之相反，是一名虔诚的天主教徒，再加上之前宗教改革在民众心里积累的不满情绪，新教运动发展必然受

---

[1] G.R. Elton, *The Tudor Constitution*, Cambridge Vniversity Press, 1982, p.342, pp.393—394, pp.406—408。

[2] K.S.Latourette, *A History of Christianity*, V.2, Harper &Row Publishers, 1975, pp.234—235。

到重挫。玛丽利用人们希望恢复传统宗教生活的愿望逐步恢复了与罗马天主教会的联系。玛丽一世召开了三次议会，试图通过具有全国效力的宗教改革法案，复辟天主教在英国的权威。事实上，在玛丽的努力下，天主教在英国的影响力有一定程度的恢复，比如英国与罗马关系修好，新教被列为非法宗教，甚至对新教教徒进行大肆迫害，"血腥玛丽"也由此得名。综合评价玛丽一世的宗教改革我们可以看出，天主教在英国还是具有一定的民众基础的，通过几次议会立法，天主教合法地取得了诸多政治、经济权利，这表明天主教在英国存在有其合法性依据。另一方面，玛丽的宗教改革不符合宗教发展的时代趋势，特别是宗教专制政策更是宗教运动的倒退。她复辟天主教的运动总体上是不成功的，背离历史发展潮流的，她的倒行逆施反而以反面教材的形式促进了英国宗教改革事业的前进。

伊丽莎白一世统治时期是英国历史上由封建主义向资本主义演进的关键时期，这位年轻的女王有着敏锐的政治观察力和卓越的决策领导能力，面对英国复杂的宗教矛盾，她清醒地意识到宗教改革是唯一的出路。伊丽莎白女王吸取了爱德华六世和玛丽一世宗教改革失利的经验教训，避免激化天主教和新教的矛盾，采取温和灵活的政策，提倡宽容并蓄的宗教精神。她释放了监狱中关押的大批异教徒，给予新教足够的尊重和社会地位；同时，她也保留了传统的宗教信条和宗教制度，保护了天主教会的基本权益。1563年，在伊丽莎白一世的推动下，英国国会通过了著名的"三十九条教规"，体现了这一时期宗教改革宽松和兼容的特征。有人这样评价"三十九条教规"，"'三十九条教规'排斥含有浓厚罗马教色彩的习俗——使用拉丁文，秘室忏悔，教士独身，效忠教宗。英国国教会给予教友面包与酒。在解释圣餐方面，'三十九条教规'否定了罗马教会的'化体说'与兹文利的'象征论'，'三十九条教规'想在这两者之间的中间地带的某地找出一个妥协的立场"①。伊丽莎白一世宗教改革始终奉行的是一种宗教折中的态度，虽然没有激进鲜明的改革思想，却非常有效地遵循着有利于国家利益和民族发展的宗旨。整个伊丽莎白女王统治时期，她对天主教和新教激进派都推行着合理的压制，保证了英国大众宗教生活的和平，她通过改革获得了在宗教领域的至高权威，维持了英国民族的稳定和发展，也赢得了人民的崇敬和感激。

18世纪以来，尤其是20世纪至今，英国的宗教运动与权力政治的联系逐渐松绑，英国民众不再纠结于宗教信仰的单一性，而是突破传统的宗教戒律思想，进入所谓后基督教时代。英国宗教在社会的权威和地位面临着来自各个方面的挑战，最为严峻的当数工业革命引发的思想革命，宗教差异重要性在降低，多元化宗教信仰越来越被人民所接受。到了20世纪，英国国教逐步丧失了与国家政权有关的特权，天主教更是远离权力中心，与各种其他宗教派别一道自由发展、相安共存。宗教认同仅在个人信仰领域发挥作用，民族和国家认同取而代之影响国家的政治制度安排。由此，英国宗教改革发展到今天产生了宗教世俗化和多元化的成果，宗教活动的范围和影响与现实政治的关联不断削弱，宗教文化日益成为单纯的精神力量影响人们的价值判断和世界观视角，成为英国民族思想观念的组成部分。

二、英国宗教文化特征

英国宗教文化的第一个鲜明特征是浓厚的个人功利色彩，这主要体现在新教与资产阶级发展要求的结合。首先表现在提倡宗教信

---

① [美] 布林顿、克里斯多夫、吴尔夫：《西洋文化史》第四卷，刘景辉译，台湾：台湾学生书局1984年版，第171页。

仰自由，路德教义中反对强制命令个人的信仰决定，提出个人的信仰就是一切，不需要教会作为个人与上帝沟通的中介，每个人都可以因信得义，直接获得上帝的救赎。此外，新教中提倡廉洁的宗教制度和简朴的宗教仪式，信仰的目的是为了个人精神的自由，物质生活方面应该节制消费、节省开支，这样既为资本主义原始积累寻找到了宗教层面的解释，也避免因无度的贪欲和浪费占用社会经济发展资源。新教还将宗教精神生活与世俗物质奋斗相联系，指出在苦难中积极奋斗、克敌制胜的成功信徒可以在现世享受财富和权力，在来世升入天堂。这就赋予资本主义社会忘我劳动和拼搏竞争的处事原则以宗教的荣誉和信仰的光环，成为鼓励资产阶级奋力抗争的伦理信条和力量。新教实际上将基督教世俗化了，将新兴中产阶级的发展愿望和经济政治理念融入对上帝和伦理的理解当中，这也正是韦伯提到的宗教伦理精神对于资本主义发展提供精神动力的原因所在。"这个世俗新教禁欲主义强烈反对对财富的自发享受；它限制消费，尤其是奢侈品的消费。另一方面，它具有使自由获得行动摆脱传统主义理论桎梏的心理效果。它打破了对所谓获取行动的束缚，不仅使其合法化，而且将其视为上帝的直接意愿。这种宗教信仰思想，必定是推动我们称之为资本主义精神的生活态度普遍发展的、可以想象的、最有力的杠杆。"①

英国宗教文化的另一个显著特征是务实圆滑，这源于英国传统的经验主义思维方式和长期政教一体的社会制度现实。最为著名的亨利八世宗教改革的本质目标也并非为了单纯的宗教追求，而是在宗教外衣下的王权封建专制目标。宗教在英国取得的关键性变革都离不开政治力量的干预，信仰的魅力从未能取代理性主义在人民心

---

① ［德］马克斯·韦伯：《新教伦理与资本主义精神》，彭强、黄晓京译，西安：陕西师范大学出版社2002年版，第175页。

中的至高地位。宗教改革是民族意识反抗教皇压迫的工具,是资产阶级反抗君主专制的旗帜,宗教在不同的环境下圆滑变通,发挥影响社会进步的现世功能。英国宗教的实用理性特征还表现在人们对于宗教教义文献的热情远不如对宗教在实践中指导能力的探究。纵观历次宗教改革,无论是新教运动还是天主教复辟,都没有对教义做实质性的更改,而主要关注教会的制度设计、教会与国王的权力分配,宗教是否能够顺应社会发展的精神需求等等。有学者这样评价英国宗教,"在树立一种民族特性的意识的过程中,英国国教的成就与其说在于它的宣传,不如说在于它的实践"。"他们喜欢自己的教会,就像他们喜欢自己的衣服和汽车那样,朴实而又比较可靠,随时可以使用。"① 总之,英国教会文化以宗教的形式再次体现了英国民族独特的务实、功利、理性风格,宗教信仰也需要根据客观的政治经济环境适时做出调整,讲求实际的传统使得英国的宗教文化一直与激进主义保持谨慎的距离,而突出其融通圆滑的另一面。

---

① [英]杰米里·帕克斯曼:《英国人》,严维明译,上海:上海译文出版社2000年版,第102页。

第三章　英国文化外交的运行机制

从建立之初，英国文化外交的根本职能就是配合英国外交政策和外交目标的实现，因而从决策到经费都独立于国内文化主管部门而隶属于外交部。虽然英国较晚开始注重开展文化外交，但因其具有机构设置灵活松散、活动形式丰富多样的特点，至今已经建立了比较成熟的文化外交管理机制，组织实践了诸多富有成效的文化外交项目。英国对外文化关系总的方针是利用官方和准官方机构的对外文化活动，推动英国文化对外交流和传播，以获得世界各国对英语的使用和对英国文化的尊重。

第一节　英国文化外交相关机构

文化外交决策和管理机构依据权力制衡的原则，既相对独立，又密切配合，其中英国外交部对外文化关系司、英国外交与联邦事务部、英国文化委员会、英国艺术来访署在英国文化外交实践中发挥了重要作用。

一、英国外交部对外文化关系司

英国官方文化机构与准官方文化机构的功能和影响有很大的区别，前者仅行使有限的监督调控权力，而准政府机构在文化外交政策的制定和执行过程中扮演主要角色。"设立这样的中介机构代替政府具体管理文化,一方面是为了保证政府不干涉文化艺术,目的在于保证文化艺术与党派政治脱离,防止政府不正常的审查,维护文化政策的连续性。另一方面,也是为了使文化经费的具体分配使用做到客观公正。"① 尽管有这样的制度设计,英国文化管理仍然难以完全避免受到来自政府的干涉,特别是英国文化外交活动隶属于国家总的外交战略部署,并服务于英国外交决策。

英国外交部对外文化关系司(Cultural Relations Department, Foreign and Commonwealth Office)前身为1943年底在英国外交部内设的"英国文化委员会事务科",该科在1945年升格为"对外文化关系司"以加强对文化外交工作的监督和管理。英国外交部对外文化关系司主要负责制定英国政府对外文化外交关系政策,对英国对外文化交流项目的拨款工作,监督协调从事文化外交具体活动的各准政府和非政府机构,如英国文化委员会、英国艺术来访署、英国国际开发署、英格兰艺术委员会、博物馆和美术馆委员会、英国电影协会、大英博物馆等之间的协调合作。

对外文化关系司在外交部内部负责通过开展广泛的文化和教育活动以促进英国的海外利益。该司的基本宗旨是:

1.通过支持英国文化委员会和英国广播公司国际台的工作,促进世界各国对英语的使用和对英国文化的了解和尊重;2.扩大奖学金计划的影响力;3.保持或增加私营部门对奖学金计划的支持;4.确保外交政策和重大活动中包括文化内容;5.不断提高对外传播信息服务的质量和有效成果,开发更有效的信息反馈机制以衡量其影响。②

英国外交部对外文化关系司在英国文化外交管理体制中承担的

---

① 范中汇:《英国文化管理体制解读》,载《中国文化报》2012年8月10日,第3版。
② 范中汇:《世界各国文化概览·英国文化》,北京:文化艺术出版社2003年版,第31页。

是协调与媒介的功能，是政府对于文化外交工作提供的资金和体制保障，以便将英国的政府职能部门、各大高校研究机构、艺术团体、社会精英与各类文化交流和合作项目联系起来。总体上讲，英国外交部对外文化关系司具有的官方权力是非常有限的，该司的工作职责主要集中在以下三个领域：

1. 协调外交部与英国文化委员会的关系，指导和监督英国文化委员会的拨款；2. 管理外交部的奖学金计划（每年为4500名左右的海外研究生来英国学习提供奖学金，目的是为英国赢得长期的朋友，对象均为那些政治和经济发生剧烈变动国家和地区的潜在领导人）；3. 处理广泛的多边和双边文化外交关系（包括处理与欧盟理事会及联合国教科文组织等多边关系）。此外，该司还负责驻英外国使馆文化工作，与英艺术来访署的合作，为促进教育和文化交流之目的，与除英国文化委员会以外的文化机构共事。英国外交部对外文化关系司还是外交部内部负责体育、两千年庆典和青年工作的部门。①

英国外交部对外文化关系司设有司长和副司长各一名，设有顾问两名，设专门事务办事处两个，分别是教育处和文化处。对外文化司是英国文化外交松散管理体制的枢纽，也是英国公共外交的核心决策部门。虽然其职权范围相对较小，却在各个官方与非官方机构之间搭建起交流的平台和信息传播的媒介，扮演着重要的协调者的角色。

二、英国文化委员会

成立于两次世界大战之间的英国文化委员会最初的名称是"不列颠对外关系委员会"（British Committee for Relations with Other Countries），不久后即更名为"英国对外关系协会"（British Council for Relations with Other Countries），1936年正式改为"英国文化委员

---

① 范中汇主编：《英国文化管理》，北京：文化艺术出版社2000年版，第51页。

会"（British Council），并于1940年接受英国皇家宪章授予的永久独立地位的荣誉，将其机构宗旨设定为专门负责英国对外的文化交流活动，1993年又获得追加授权。经过半个多世纪的努力，英国文化委员会的分支机构已经遍布世界各地，在110个国家设立了191个代表处，拥有超过7000人的员工团队在全球范围内开展推广英国文化的活动。尽管英国文化委员会在建立之初只有数千英镑的经费，最新的数据表明其年收入已经接近8亿英镑，成为英国文化外交准官方机构中最具规模和影响的跨国文化组织。

英国文化委员会成立之时，英国正陷于内忧外患的困难时期。一方面，两次世界大战严重削弱了英国"日不落"帝国的殖民基础，特别是二战之后兴起的民族解放运动更是加剧了英国殖民体系的瓦解。面对殖民地日益高涨的要求自治的政治意愿，英国政府为了能够延续其影响而被迫于1931年制定并通过了《威斯敏斯特法》，以法律的形式承认英殖民体系发生的改变，标志着英联邦的正式成立。鉴于控制能力遭到削弱，英政府急于加强经济和文化联系以保持其影响，此时建立英国文化委员会是有其政治意义的。

另一方面，经过两次世界大战的侵蚀，英国在政治、经济、军事、文化等各个方面都表现出难以掩饰的颓势，雄踞国际社会霸权地位光辉也日渐淡漠。当时欧洲其他大国，特别是法国和德国都已经开始关注利用文化传播提高国际形象，在世界各地开办语言学校，推广民族文化，也取得了相当的成绩。英国政府这时意识到文化资源的国际政治功能，迫切需要建立相关跨国文化组织进行英国文化的宣传工作。当时引起广泛争论的《迪·阿伯伦报告》和《乔治·威斯特会谈报告》突出强调了与其他国家建立文化关系，加强文化影响力的巨大价值，并直接促成了英国文化委员会的成立。

英国文化委员会历经了70多年的发展，具体制度章程进行了相应修订，对机构的成立宗旨和战略目标的解释也发生了变化，但是其核心的组织使命内涵是一以贯之的。成立之初的英国文化委员会的宗旨和目标为：

1.增进国外对英国文化和文明的广泛了解，通过鼓励学习和使用英语，扩大对英国文学及英国音乐、美术、科学、哲学思想和政治实践所作出贡献的了解；2.鼓励英国与其他国家间的文化和教育交流，支持海外学生自由来英在各类学校、技术研究所和工厂学习，支持英国学生到国外从事各种学习；3.为保持和加强所有自治领与英国文化传统的紧密联系提供机会；4.确保英国教育在英国直辖殖民地和属地的连续性。[1]

该组织明确宣称的战略目标是："通过在全世界范围内不同人群间的知识和观念交流，增进世界人民与英国的联系与信任。委员会认为，处在当前这个人口众多、充满危险同时又魅力无穷的世界里，英国的未来取决于生活和工作在不同文化背景下的不同人群的协作，而这些又以不同人群的受教育程度、相互理解、尊重和信任为基础。"[2]此后，英国文化委员会组织开展了各种文化交流项目、推广英语教育、出版图书制品、提供留学服务等活动，都以具体实践贯彻上述组织基本原则。

按照官方表述，英国文化委员会是一个在国家注册，经过皇家宪章授权的非营利性组织，但实际上，英国文化委员会与英国政府的关系十分紧密，其活动也始终保持与国家外交决策相一致，以国家外交利益为导向。组织关系上，英国文化外交委员会隶属于英国

---

[1] Frances Donaldson, *The British Council: the First Fifty Years*, London: Jonathan Cape Ltd, 1984, pp.1—2.
[2] British Council, "Our vision, purpose and values", http://www.britishcouncil.org/new/about-us/who-we-are/vision-purpose-and-values/, 2012—10—17.

外交部，日常活动设定与外交部的政策方针相配合；经费来源上，外交部从英国文化委员会建立之初就一直给予其政府拨款支持。

历史上英国文化委员会经费来源比例一览表[1]

	1978—1979	1986—1987	1987—1988	1988—1989
政府部门拨款总和	82.94%	76.24%	77.46%	76.74%
活动和服务项目收入	17.06%	23.76%	22.54%	23.26%
合计	100%	100%	100%	100%

近几年英国文化委员会经费来源一览表[2]

（单位：亿英镑）

	2007—2008	2008—2009	2009—2010	2010—2011	2011—2012	2012—2013
投资收入	1.97	2.08	2.11	1.96	1.88	1.79
服务及活动收入	3.67	4.36	4.95	4.96	5.48	5.99
合计	5.64	6.44	7.06	6.92	7.36	7.78

英国文化委员会2011—2015资金来源规划一览表[3]

（单位：亿英镑）

	2012—2013	2013—2014	2014—2015
政府部门拨款总和	1.71	1.62	1.54
活动和服务项目收入	6.39	7.21	8.15
总计	8.10	8.83	9.69

---

[1] 参见茅晓嵩：《英国文化委员会》，载《国际资料信息》2005年第8期，第39页。

[2] BRITISH COUNCIL，Annual Report 2011—2012，pp.67—70，http://www.britishcouncil.org/sites/default/files/documents/C011_Annual_Report_web%20V12%20240812.pdf。
BRITISH COUNCIL，Annual Report 2012—2013，p.76，http://www.britishcouncil.org/sites/britishcouncil.uk2/files/annual-report-2012—13.pdf。

[3] BRITISH COUNCIL，Corporate Plan 2011—2015，pp.38—40，http://www.britishcouncil.org/new/PageFiles/12938/2011—15%20Corporate%20Plan_v2.pdf。

由此可见，政府资助成为英国文化委员会除自身经营收入之外经费的重要来源。虽然这部分经费占这一非官方跨国文化组织资金总额的比例在逐年减少，但仍然可以在英国文化外交的文化项目设定和政策执行导向方面发挥影响作用。因此，"可以清楚地看出英委会的宗旨是增强他国民众对英国的文化认同和政策了解，以赢得他们对英国外交政策的理解与支持。而其实质是在英国外交部领导下的、受各国驻外使领馆直接控制的、进行文化外交的准官方文化组织，是英国政府进行文化外交的载体和公众外交的工具"[①]。

英国文化委员会总部分别设在伦敦和曼彻斯特，在苏格兰、威尔士和北爱尔兰设有办事机构。董事会是整个机构的决策和监督部门；管理委员会是负责具体日常事务的行政部门，秘书长是管理委员会的首席执行官；管理委员会下设公共事务司、财务司、人事司、业务总司、英语教育服务局、开发和培训服务司；此外，委员会还建立了教育和治理咨询团、英语咨询团、科学和工程咨询团三个全国性咨询团，及其下设的数量众多、功能多样的顾问团。英国文化委员会的工作大体可以分为四个部分：

第一，发展语言教育。委员会在世界各地建立办事机构和教学中心，为海外学生制定和教授英语语言课程，以及与英国文化和语言相关的其他课程；收集管理关于语言教育的资料和信息，提供关于教育的专业咨询服务；根据语言教学形势，为英语语言教学机构提供市场策划和宣传方案。

第二，留学培训服务。委员会通过遍布世界的分支机构组织当地的青年和精英人士赴英留学培训；加强与当地外事机构、科研机构、政府、团体以及个人的教育合作交流联系；资助各国开展与英

---

① 茅晓嵩：《英国文化委员会》，载《国际资料信息》2005年第8期，第40页。

国教育有关的研讨会、教学项目、科研课题等国家性教育活动。

第三，科技与开发工作。增加国外民众对英国科学技术领域的了解；宣传英国在科技、医学、工程、环保方面取得的最新成果；支持与科学技术相关的海外研究计划、人才资源开发和技术转让，并推动建立合作项目。

第四，文化艺术与资料信息普及。在世界各地组织戏剧、音乐会、舞蹈等展现英国文化魅力的文艺活动；宣传英国影视作品、绘画、雕塑、摄影、文学等方面的优秀成果；利用办事处和信息中心为世界各地提供教育资料、图书和信息等等。

三、英国艺术来访署

英国艺术来访署是隶属于英国外交部和英国艺术委员会的半官方机构，专门接待外国的艺术演出和展览访英，在英国主流社会中有较大的影响。该署由英格兰艺术委员会、苏格兰艺术委员会、威尔士艺术委员会和北爱尔兰艺术委员会组成，直接接受英国文化委员会艺术局的领导，行政级别相当于处级部门。

英国采取三级文化管理体制：中央一级是文化行政主管部门，负责全国性的文化艺术政策制定和监管；中间为各类准政府的文化艺术管理机构，统称"官歌"，英国艺术来访署是其中之一，担负着承上启下的中介作用；第三级由地方艺术理事会和艺术委员会组成，具体贯彻执行文化艺术政策，组织和资助各类艺术活动和交流项目。设置各类文化、艺术委员会具体负责管理文化艺术工作是为了在政府与国家文化事务之间留出一定的空间。这是英国文化管理体制的创造性设计，既能够避免政府对文化艺术发展干预过多，特别是政党利用影响力左右文化发展，侵犯文化艺术创作的自由和连续性；又能保证各专业文化艺术委员会得到适当的平等的政府支持，如经费支持或者政策支持。

英国艺术来访署的机构宗旨是：推动和促进外国艺术在英格兰、苏格兰、威尔士和北爱尔兰的介绍，使外国的艺术能够为发展文化关系、增进文化意识和促进互利的国际艺术联系作出贡献。[①] 该署的工作分为五个部分：

1. 咨询：设计扩大国外艺术在英国影响的战略；提供有关外国在英国举办艺术节的可行性指导；支持优先项目的开发；适当地支持有关的多边性活动。2. 顾问服务：对有关引进外国艺术的所有方面包括事先策划，提出建议；向项目承办者提出建议。3. 出版物：一年出版三期《来访艺术》期刊，介绍正在或将要上演和展出的外国艺术及演出商、经纪人、剧场、艺术节、画廊、赞助机构、新闻媒体等，推荐等待安排的外国艺术项目和有关信息；出版国别实用手册，包括各国所有的艺术组织的名称、地址、电话和传真号码。4. 培训：组织国外驻英文化官员参观英国文化设施并介绍英国的艺术状况和管理经验；为英国承办外国艺术的经纪人和管理人召开研讨会。5. 资助：为艺术来访署所侧重领域的具体研究课题提供资助；提供项目开发资金。

综上所述，英国文化外交相关机构在制定和实施文化外交政策方面体现出几个突出的特征。首先，各部门权力分立原则。权力分立与制衡是英国政治体制的通用原则，体现在英国文化外交管理方面则表现为英格兰、苏格兰、威尔士、北爱尔兰以及各地区根据自己的文化资源和艺术特征开发各具特色的文化外交交流项目。英国也是一个多民族文化并存的国家，继承和发扬多样化的国家文化是国家发展对外文化关系基本出发点，对外文化宣传的目标是使世界了解和尊重英国所有的文化。因而，中央文化艺术管理部门仅具有

---

① 范中汇主编：《英国文化管理》，北京：文化艺术出版社2000年版，第57—58页。

制定总方针和监督控制的权力，政策的具体落实和贯彻执行则属于中层中介准官方机构和地方基层文化委员会的职权范围。分权和独立决策保证了文化对外交往的独立性和连贯性，有利于各地区更好地发挥特色文化资源优势。

其次，高质量教育原则。英语语言教学，与语言相关的课程教学，海外学生赴英留学服务项目，教育资源和信息的推广普及等教育性活动，构成了英国文化外交的主要内容。英国文化外交非常着力通过教育机构和中心的设立推广英国文化，培养各国青年一代对英国的熟悉和好感。教育是理解文化的途径，高质量教育是欣赏、介绍、传播文化的保障，因而，发展教育事业成为英国文化外交机构的中心工作。

最后，英国文化外交机构具有相对独立性原则。无论是国内文化管理，还是对外文化外交，英国政府都尽可能与具体的政策执行机构保持一定的距离，突出这些机构的非政府特色。当然，通过探究这些机构的建立背景和发展历程不难发展，它们都或多或少带有某些政府影响和政治色彩，比如在机构战略目标设定方面，或者机构活动经费方面。但是英国分级文化管理体制还是能够保证文化外交执行机构相当的独立性，这是英国文化外交区别于其他国家最为突出的特征之一，也是英国政府最为得意的制度创设。一定程度上，这种设计的确可以避免政府对于文化发展的控制，避免政党交替对文化交流连续性的影响，避免政府对出版传媒舆论无端审查，做到将发展文化的权力交给最专业的人士。

第二节　英国文化外交主要构成

战后英国为了维持国际影响力、重塑国家形象，组织开展了形式和内容丰富多样的文化外交活动。英国充分利用本国丰厚的文化资源，采取灵活决策和科学管理的方式，向海外实施文化辐射。2006年，英国文化媒体体育部会同英国文化委员会、英国外交和联邦事务部共同制定了英国对外文化政策，其核心是："加强英国与世界各地文化机构互利、持久的伙伴关系，并继续开发新的可持续发展的文化机构，利用这些机构打造英国有知识、高技能的文化部门，并要保持这一部门世界公认的领先地位，通过这一领先地位以及英国独特文化价值合作伙伴优势，优化文化产业的国际影响，重塑英国正面形象，以实现其对公共外交的影响。"文化大国英国对外发展文化关系主要通过以下方式，即以英语教学为纽带、以文化交流为桥梁、以海外留学为契机、以创意产业为旗帜、以网络媒体为平台，增强各国民众，特别是精英和青年一代对英国文化的了解和尊重。

一、语言教学与推广

语言教育是英国文化外交的一个亮点，也是英国政府特别关注和支持的对外文化工作领域。二战刚刚结束不久，英国政府就组织独立委员会对英国文化委员会在海外进行的英语教学和情报收集工作开展调查评估，汇总成著名的《德罗赫达报告》。报告称，"掌握了英语这门语言，就会反过来希望阅读英文书籍，同英国人交谈，了解英国的生活方式或其他领域。事实上，英语知识在今天已经是学习各门科学和技术分支学科的关键，是学习英国文学、历史和政治体制的关键，英国文化委员会在各地开设的分支机构或者派出的人员，同那些在大学、政府部门以及其他社会机构中受过良好教育的人进行直接的接触，来自英国的电影、书籍、杂志、戏剧也不断地被送到他们的跟前，这些活动有利于国外人士更好地了解英国"①。从这份报告可以看出英国文化委员会的成立有着很深的政治、经济背景，委员会开展的英国教学活动带有浓厚的官方色彩。

报告对于英语海外推广工作目标作出规划。首先，英国文化委员会需要根据英国海外情报服务的需要调整工作方式，保持适当的机构规模并努力开拓发展空间，以促进英国文化的传播和形象的树立。"委员会是有着鲜明的国家立场的。正如同样受资助的大学和博物馆不仅仅是作为公共指导和休闲的所在，资助他们本身也是显示对艺术和学习的重视一样，英国文化委员会在海外也充当了向其他国家人民解释我们国家的未来生活，让世界上的人们了解英国对繁荣世界知识、推进人类福祉所作出的贡献的重要纽带。"②

其次，语言教育应促进英国海外利益的实现。文化和语言不仅是人类交流的工具，也是可以实现经济增长的资源。从国家贸易的角度看，语言教育项目、语言教育服务及其附属产品能够产生客观的经济收益和商业价值，这是英国积极开展海外语言传播工作在经济方面的考虑。

再次，语言教育的重点地区是发展中国家，重点培养人群是这些国家的精英阶层和青年一代，即最有可能成为影响国家决策的人。通过文化教育影响当地知识分子、成功人士、高校学生等受过良好教育的群体的对英态度和判断，特别是提高那些综合实力呈上升趋势的国家民众对英国文化和语言的需求和意愿。

总之，《德罗赫达报告》是英国确定海外语言推广战略的标志性文件，报告从战略的高度评价英国的文化和语言教育事业的深远意

---

① Drogheda Report Summary, *The Report of the Independent Committee of Enquiry into the overseas Information Services*, London: HMSO, 1954, pp.11—13.

② Frances Donaldson, *The British Council: the First Fifty Years*, London: Jonathan Cape Ltd, 1984, p.187.

义，将语言推广与国家外交政策、与国家经济利益相联系，从政治上表明英国政府的支持态度。以此为标志，英国语言教学和推广工作被定义为关系到增强英国国家实力的核心利益要素之一，被正式列入国家发展战略框架之中。

由于英国开展文化外交工作晚于其他欧洲大国，英国政府对此给予了格外的关注和支持，陆续颁布了一系列相关政策规定，将海外语言教学工作看成是在政治外交、经济外交、军事外交之外第四类重要的外交形式。英语教学和培训工作在传播英国文化的同时，更重要的是其深远的国家利益实用性。在英国官方机构的大力推动下，在准官方机构的积极配合下，英国海外语言教学工作逐步形成规模和特色，英国在教学过程中成功的实践经验也被许多国家视为学习的榜样。具体来说，以英国文化委员会为主要负责机构，英国逐步在世界各地建立起系统的英语课程教育体制，提供英语教学培训、英语等级考试、输出英语信息和资料等相关服务。

英国文化委员会 2012—2013 年度英语教学统计数据[①]

（单位：百万）

统计项目	人数
政策制定者、政府部长、教师、学习者	1.7
社区在线教师和学习者	3.2
教学中心学习者	0.368
考试候选人	2.37
网站使用者	55.9
观众、听众和读者	143.8

其一，对外英语及相关课程教学。英语教学是英国文化外交最

[①] BRITISH COUNCIL，Annual Report 2012—2013，p.18，
http://www.britishcouncil.org/sites/britishcouncil.uk2/files/annual-report-2012—13.pdf．

成功的项目之一，有保证的教育质量和服务质量使得英语在世界范围内迅速普及，成为全球最为通用的语言。其中的代表性机构英国文化委员会已经在100多个国家建立了126个英语学习中心；著名的英语语言学校也在各国设立了70多个分校，培养了大批海外英语学习者：英国文化委员会在《英国文化委员会年度报告2011—2012》中写道："仅2011年到2012年，英语教学中心数目就增加了5%，达到30.8万个，参加英语考试的候选人也增加了2%，达到196.9万人。"同时，"从现在到2015年，英国文化委员会计划保持学生数量以每年5%的速度，参加考试的候选人以每年2%的速度增加，以便继续扩大英语教学规模，提高服务质量。"[1] 从20世纪60年代开始，英国陆续在各国成立语言培训中心、私立语言学校、教育学院以及慈善机构，为海外学生提供多种类的学习通道，并在课程设计、教材编写和教师培训等方面逐步专业化、标准化。

在课程设计方面，为适应不同人群的学习需求，英国语言教育机构有针对性地将英语课程分为专业英语和学术英语教程，普通英语和季节性英语教程，学前英语和学期中英语教程，此外还有英语对外教学课程和英语教师培训课程等等。课程难度设置的差异性安排，能够满足从英语入门学习者到专业英语学习者之间各学习群体的不同要求，课时长短和教学方式灵活多样、可以同时兼顾在校学生、社会精英和普通英语学习者的学习时间安排。

在教材编写方面，语言教育的成功实践直接刺激并带动了教材出版界业务的飞速发展，包括围绕课程出版的一系列英语教学教材，以及拓展语言能力和文化背景知识的课外英语读物等都成为英语学

---

[1] BRITISH COUNCIL, Annual Report 2011—2012, p.11, http://www.britishcouncil.org/sites/default/files/documents/C011_Annual_Report_web%20V12%20240812.pdf.

习者们非常喜爱的英文读物。最受欢迎的英语教材有已经连续七次再版的《牛津高阶英汉双解词典》、高校学生必读英语教材《新概念英语》（共四册），还有曾一度成为各英语教学机构指定教学用书的《基础英语》等等。

在英语教师的培训考核方面，各英国海外教学机构都建立了立体的教师培训、考核、晋级体系，但由于英语教学组织数目众多，课程设计多样，难以掌握准确的教师和教学服务人员总数。鉴于此，英国国际英语教师协会专门设立了特别兴趣小组（SIG），将海外英语教师纳入若干个专业领域，教师们可以根据自己的兴趣在不同的兴趣小组内部交流信息和相关新闻，开展专业活动，达成专业教学目标，其中包括"商务英语、专业英语、英语是第二语言、全球性问题、自主学习、英语领导和管理、文学、媒体和文化研究、学习技术、发音、研究、测试、评估、教师发展、教师培训、少儿和青少年教育"[1]。根据英国文化委员会的统计，仅在印度一地就有50万名英语教师在接受培训，在卢旺达每年也有5.4万名老师得到相应培训，此外每年还有48万名青年教师和学者加入英语教师的学习体系中来。[2]

其二，英语等级标准化考试。英语水平考试是英国推广语言项目的一个重要环节。标准化的语言考试，以及得到广泛认可的语言水平证书，可以极大地提高英语学习者的学习效率和热情。一方面，获得专业机构颁发的语言水平证书是对语言学习者学习成果的肯定，

---

[1] IATEFL，Special Interest Group FAQs，What are the IATEFL Special Interest Groups？2012—10—27，
http：//www.iatefl.org/special-interest-groups/special-interest-group-faqs。
[2] BRITISH COUNCIL，Annual Report 2011—2012，p.17，
http：//www.britishcouncil.org/sites/default/files/documents/C011_Annual_Report_web%20V12%20240812.pdf。

同时可以作为其申请进修机会或者工作机会的语言能力参考依据；另一方面，标准化的考试过程也可以规范语言学习者的学习方法和学习内容，对考试内容和形式的设计等于间接调整语言学习者的学习倾向和关注重心。英国语言等级标准化考试特别注意保证考试的公开性和公正性，高质量的语言考试体系保证了英语等级水平证书的含金量，以及世界范围内对成绩的高度认可。

雅思，全称为国际英语测试系统（International English Language Testing System），英文缩写为 IELTS，是英国最重要的语言水平考试之一。这项考试考察的是语言学习者是否能够在语言方面独立完成在英语国家的学习、工作和生活内容，从阅读能力、听力、写作能力和口语水平四个方面进行综合评判，以四科平均分作为最后的总成绩，单科满分为 9 分。

雅思考试是由剑桥大学考试委员会、英国文化委员会和澳大利亚教育国际开发署联合设立的，已经成为许多国家接受留学和移民申请的重要依据。"自 1989 年推出以来，雅思考试在世界各地得到验证和信任。它在全球范围内提供了一种可靠并权威的考试方法，以测试考生在真实的语言环境中用英语进行沟通的能力。全球有超过 7000 所院校机构、政府部门和职业机构认可雅思成绩并将其作为一项权威有效的测试英语沟通能力的方法。每年全球有超过 170 万人次参加雅思考试，并借此获得前往英语语言国家的机会。雅思考试在全世界 120 个国家和地区举行，是世界上增长最快的考试之一。雅思考试为信誉、研究和创新设立了标准。"[①]

国际英语测试系统分为 A 类学术类考试和 G 类培训类考试，前者是针对有留学计划的学习者，测试考生是否能够满足高校或研究

[①] 雅思考试简介，雅思考试中文官方网站，2013—11—27，http://www.chinaielts.org/about_ielts/what_is_ielts.shtml。

机构对语言水平的要求，分数要求相对较高；培训类考试主要针对有移民打算或者到英语国家工作的考生，重点考核社会交往和工作环境需要的基本语言能力，分数要求相对低一些。考试内容分为四个部分：听力、阅读、写作和口语。其中前三项采用书面笔试的考核形式，需要在规定的时间内完成答卷；口语采用一对一的面试形式，由经过专业培训的英语考官通过面对面的对话来检测考生的语言反应和表达能力。具体流程如下。

```
        ┌──────────────┐
        │     听 力    │
        │    4个部分   │
        │   40道题目   │
        │    30分钟    │
        └──────────────┘
┌──────────────┐      ┌──────────────┐
│  培训类阅读  │      │  学术类阅读  │
│   3篇文章    │      │   3篇文章    │
│   40道题目   │      │   40道题目   │
│    60分钟    │      │    60分钟    │
└──────────────┘      └──────────────┘
┌──────────────┐      ┌──────────────┐
│  培训类写作  │      │  学术类写作  │
│   2篇文章    │      │   2篇文章    │
│（分别为150和 │      │（分别为150和 │
│   250字）    │      │   250字）    │
│    60分钟    │      │    60分钟    │
└──────────────┘      └──────────────┘
        ┌──────────────┐
        │    口 语     │
        │  11到14分钟  │
        └──────────────┘
```

雅思考试流程图[①]

雅思考试凭借其考试程序公平、考试成绩可靠、考试认证机构权威等优势日益获得越来越多国家和高等院校的认可，大部分的欧洲英语国家如英国、爱尔兰、新西兰、荷兰，美国的主要高校包括

---

① 雅思考试简介，雅思考试中文官方网站，2013—11—27，http://www.chinaielts.org/about_ielts/what_is_ielts.shtml。

全部的常春藤联盟院校，澳大利亚、加拿大等国家都已经通过对雅思成绩的认证。近年来，报考雅思考试的考生数量持续增长，而中国考生总数又排在了全球第一的位置，可见英国推行的雅思语言考试影响之大。

除雅思之外，比较重要的标准化英语考试还有博思（Business Language Testing Service），英文简称BULATS。博思职业外语考试测试是由剑桥大学考试委员会ESOL考试中心开发的，专门针对英语国家的政府、公司、机构等商务工作环境的职业语言能力考试，考试包括计算机测试、综合化测试、写作测试和口语测试四个部分。法律英语水平考试（Test of Legal English Skills），英文简称TOLES，由全球法律英语公司投资，联合权威法律专家和英语专家共同设计开发。这项考试是主要面向各类法律机构、法律公司、律师从业资格获取、律师事务办理和申请法律专业的专业性法律语言测评考试。法律英语考试分为基础、中级和高级三个等级，每个等级的考试内容和要求不同：TOLES基础考试重点考查考生对法律相关词汇的理解掌握，测试词汇数量和准确性水平；TOLES中级考试主要考核考生准确、恰当地使用法律词汇的能力，包括书信往来、表达技巧、格式使用等方面，中级考试同时要求考生能够听懂不同时态和语态的法律英语术语；TOLES高级考试主要考核考生在具体工作环境中对法律英语的实际运用能力，理解、解释、起草复杂的法律文本，书信写作能力和法律知识运用是考试的重点。另外，还有剑桥通用英语等级证书（Main Suite Examinations，英文简称MSE）、剑桥财务英语国际证书考试（International Certificate in Financial English，英文简称ICFE）等也是影响比较大的英语标准化语言考试。

其三，英语图书和信息资料输出。随着英国海外语言教学工作的进一步推进，对相关教材和资料的专业性和创新性也有更高的要求。在长期的海外语言教学理论研究和实践经验总结的基础上，英国出版业积极编写出版能够满足各类海外英语学习者要求的图书和英语读物。"英文出版物享有得天独厚的语言优势。其传统的海外市场较为稳定，潜在市场的开发前景也十分广阔。长期以来在实力雄厚的贸易公司的支持下，英国出版业在出口方面表现得十分活跃。"[①]因此，英国在世界各国出口图书份额排行中稳居首位，成为英语教材和资料出版界的领军者。英国出版行业繁荣发达，既有实力强规模大的出版业巨头集团，也存在相当数量机动灵活的小型出版社，总计大概超过五万家，其中影响较大的有剑桥大学出版社、牛津大学出版社、培生教育出版公司和麦克米兰公司。

英国图书教材编写工作人员在理论和实践的基础上，出版了一大批质量上乘、广受好评的英语教材、英语阅读资料和英语工具书。如亚历山大编写的《新概念英语》系列，这套教材按照难度分为四册，具有很强的教学实用性。《新概念英语》最大的特点在于教学选材的灵活创新，它不仅保证了英语教学需要的词汇、语法、段落、阅读和写作等英语科学学习方法的要素，同时又将英语文化背景引入语言学习过程，增加了学习的人文性和趣味性。《新概念英语》的成功源于编写教材宗旨的创新，语言学习的目标不再限于工具性，而是以自然诙谐的方式体现语言内镶嵌的文化含义的魅力。从政治、历史、服饰、饮食、宗教、习俗一直到传说、典故、新闻，四册的教材广泛涵盖了英国文化的方方面面，使得英语学习者既提高了语言能力，又了解了英国的社会体制、风土人情，从心

[①] 范中汇主编：《英国文化管理》，北京：文化艺术出版社2000年版，第317页。

理层面培育海外英语学习者对英国文化的了解和尊重。此外还有早期埃克斯利出版的《基础英语》《朗文当代英语词典》，劳依·金斯百利和亚历山大共同编写出版的《跟我学》，赫恩贝·巴恩维尔配以汉语注释而成的《牛津现代高级英汉双解辞典》等都是英语教学中广泛使用的经典教材。

建立海外图书馆和资料中心也是英国输出英语图书和信息的重要途径。通过在全世界各地提供英语图书查询服务和借阅服务，召开各类主题性图书研讨会，英国将大量教材及相关英语读物输出到各国英语学习者手中，为他们不间断提供最新最全面的语言学习信息和咨询服务。以英国文化委员会为例，该组织在各国建立的学习中心已经形成网络化的信息共享平台，特别是各地图书馆和信息中心还有针对性地对书籍内容进行控制，利用专业、兴趣和阅读习惯对特定群体施加影响。全面的咨询服务，丰富的图书和信息资源，吸引了大量英语爱好者在这里学习交流，大大提高了英国文化委员会推广英语的效果和本机构的影响力。

二、文化艺术交流

英国一向非常珍视自己的文化传统，二战后又意识到文化资源对提升综合国力的重要作用，因而十分重视对外文化交流，以传播推广英国文化。政府和非政府跨国文化组织纷纷提出关于对外文化交流的规划和目标，其中具有奠基性作用的是1993年英国政府制定的国家文化交流和艺术发展总体战略《创造性的未来》。这份文件详细规定了英国官方对于文化国际交流的理解，鼓励超越国界的艺术合作，鼓励多样性的国际艺术交流形式。英国政府及各类文化艺术部门和机构在世界范围内发展国家间的文化艺术伙伴关系，消除影响文化自由交流和沟通的障碍，建立畅通的国际艺术资源共享平台。

英国人对本民族文化带有强烈的自豪感，同时希望将这些人类文明的结晶传播到世界各地，得到更多人的理解和欣赏，为国际社会带来独特的影响力。

《创造性的未来》中明确规定的英国文化交流的原则和要求，在艺术上的国际主义与国际交流的价值，可以归结如下：

1.艺术是地区性的，但也是世界性的；通过日益扩大的前景，加强国际了解；2.通过展示和参观其他国家艺术、手工艺和大众传媒，使英国文化部门的工作和公众的生活质量得到丰富和提高；3.通过展示和参与英国的艺术、手工艺和大众传媒，使其他国家的艺术社团和公众得到类似的丰富与提高；4.通过向世界其他国家输出文化艺术及工艺品，以提高英国的积极形象；5.通过文化交流，加强英国社区与外国文化的历史和民族的联系。英国开展国际文化交流的政策原则是：鼓励英国的艺术家和艺术组织的作品走向国际空间，帮助英国公众更好地了解全世界的文化形式与文化活动；通过交流信息、合作生产及其他形式，扩大创作者、生产者、推销者、经纪人以及其他人士之间的国际接触；确保英国的文化赞助人的利益在国际上被很好地体现出来。[①]

为此英国政府采取了一系列措施支持艺术国际交流活动。在经费方面，英国政府积极为活动开拓多种资金来源渠道，除政府直接投资外，联络各种国外艺术展览和国际表演机会，开办与经费筹集相关的法律培训。管理体制方面，为各种跨国文化组织搭建平台，推动文化资源和文化信息的共享机制，建立网络化的国际文化交流体系。在服务方面，收集各地文化市场、文化发展和文化交流情报，为本国文化出版商、经营者、经销商提供咨询服务和商业信息。

---

① 范中汇：《世界各国文化概览·英国文化》，北京：文化艺术出版社2003年版，第375页。

2006年，英国文化媒体体育部会同英国文化委员会、英国外交和联邦事务部共同制定了英国对外文化政策，其核心是："加强英国与世界各地文化机构互利、持久的伙伴关系，并继续开发新的可持续发展的文化机构，利用这些机构打造英国有知识、高技能的文化部门，并要保持这一部门世界公认的领先地位，通过这一领先地位以及英国独特文化价值合作伙伴优势，优化文化产业的国际影响，重塑英国正面形象，以实现其对公共外交的影响。"在政府的大力推动下，各类民间交流机构纷纷建立，其中影响较大的有：英国文化委员会、英国全国音乐委员会、英国英中中心。

英国文化委员会。委员会是英国从事国际文化艺术交流的重要机构，它将国际文化交流内容分为电影、文学、音乐、视觉艺术、戏剧与舞蹈、创意经济、建筑设计与时装几个版块，集中英国的创意人才和专业工作团队组织开展国际文化艺术交流项目，还设立为自由艺术家早期创作提供发展资金和发展机会的艺术家国际发展基金。各个版块的具体功能和活动情况[①]如下：

英国文化委员会下设的电影委员会的作用是利用英国文化委员会的全球网络将英国电影、英国电影制片人与国际观众联系起来。他们致力于将富有创新性和多样性的优秀英国电影介绍到世界各地，并努力创造英国电影制片人与世界各国电影制片人之间交流的机会。英国文化委员会电影团队在全球范围内寻找国际合作伙伴共同开发包括当代英国电影策划在内的富有想象力的电影项目，邀请各国电影工作者和电影专家召开主题性的节日庆典、研讨会、大师班、工作坊、英国或欧洲电影周和电影艺术节等一系列活动，并在各国派驻代表。例如为柏林、戛纳、多伦多、圣丹斯等重要电影节提

---

① 英国文化委员会官方网站：艺术版块，BRITISH COUNCIL: ARTS, http://www.britishcouncil.org/arts, 2013—12—22。

供服务，代表英国参与欧洲电影推广项目（European Film Promotion，EFP），为2012年推出英国电影短片支持计划（Short Support Scheme）提供经费支持。英国文化协会电影部门的总监是著名电影策划、电影评论人和电影编辑布莱欧尼·汉森（Briony Hanson），顾问成员有威尔·马萨、克里斯汀·巴德斯利、加里·托马斯、瑞秋·罗比等。

英国文化委员会文化部门的工作是与国内数百位作家和文学家一道，借助英国文化委员会在全球的海外办事处合作开展文学交流互动。文学团队一方面经营着与世界各地艺术家、文化机构的联系，一方面设计组织更多的文化活动使他们与英国的关系更加紧密。团队成员包括作家、出版商、制作人、翻译以及其他文学方面的专业人员从事出版和教育工作，致力于创造高品质、创造性的英国文化交流项目，通过艺术节、书展、研讨会和教学创造与海外的合作机会。规模较大的项目有爱丁堡世界作家研讨会、WorldWordS广播电台、Hay节系列活动、伦敦书展、诺维奇展览、埃尔比勒文学节、狄更斯2012等等。

活动内容涉及从电子乐、爵士乐、民间音乐、古典音乐等所有类型音乐的文化委员会的音乐部门，致力于团队建立起海外音乐交流网络，管理音乐艺术资源，组织音乐人和音乐团体，合作创作有影响力的音乐项目。目标是推广英国艺术家和音乐团体的国际音乐形象，传播英国多样性音乐，并与海外音乐艺术家和音乐团体建立长期的伙伴关系。音乐部门的宗旨是将英国最好的音乐创意和音乐人才介绍给世界各地的人民，同时吸引各地艺术家和文化机构与英国保持紧密的艺术联系。文化委员会音乐活动设定的目标受众是16—35岁的年轻人，理由是这个年龄阶段的群体更容易改变对一个国家的印象。该团队在设计音乐活动时根据的是特定国家观众的审美、语言因素、对英国的印象等本地文化情况。英国文化委员会音乐部门每年都会在世界各地举办大型音乐演唱会、小型演出，建立工作室，如凯尔特音乐节、英国独立音乐系列活动、Incubator 音乐项目、The Selector 英伦音乐前沿国际广播节目等。

视觉艺术部门设定的文化交流重点是通过组织一系列文化交流项目，包括巡回展览、工作室、研讨会，将英国顶尖艺术家介绍给全世界艺术爱好者，促进英国的视觉艺术。该团队始终以世界一流水准为标准，涵盖广泛的学科门类，包括雕塑、绘画、摄影、录像、素描、版画等等，截至目前已经拥有 8500 件英国艺术收藏品，组织了全球范围的"英国制造"当代艺术展、"未来总动员——英国文化协会当代艺术珍藏展"、杰里米·戴勒大型世界巡回个人作品展、亨利·摩尔雕塑展、泰特美术馆藏透纳绘画珍品展等。

此外，英国文化委员会还设有戏剧舞蹈部门专门从事英国古典戏剧、现代芭蕾、视觉戏剧、现代舞、现场艺术和户外表演文艺活动的推广。近期该团队主办或参与举办"世界的莎士比亚"庆典活动、与 12 个国家联合创作的系列戏剧"世界阶段"、有史以来规模最大的残疾人艺术探索活动"无限"、英国当代舞蹈团世界巡回演出"冲动"等。建筑设计与时装团队将本来的能够体现英国文化的设计与世界设计时尚联系起来，来自英国和全球的建筑师们以设计的眼光观察世界同时改造世界。该部门创设了"工程空间应用"作品展、与爱沙尼亚合作举办"设计夜祭"并设立"爱沙尼亚设计奖"，与瑞士合作举办"热工具"国际建筑和设计展，与中国合作举办"装饰荧幕——中英时尚电影展映"，还有"改造公共空间"项目、斯科普里国际设计周活动、"简·鲍勒外观风尚奖"等一系列建筑时装设计交流活动。最后，英国文化委员会专门设立了创意经济部门来推动文化创意经济的发展，并日益重视应对世界文化技术带来的挑战，通过国际合作和交流促进英国文化经济的增长。该部门主要从事的是促进创意经济相关措施和理论的讨论和分析，与各国探讨创意经济的商业价值，建立国家、区域和全球对话机制，以推动英国创意经济实现更有竞争力的可持续发展。

英国全国音乐委员会是英国另一个从事文化艺术交流的重要机构。委员会成立于1953年，主要工作任务是：1.支持全国音乐团体参加各种演出活动；2.开展对外音乐交流，组织音乐团体或个人出国访问演出；3.制定奖励条例，奖励全国优秀音乐作品；4.编辑出版有关书刊资料。主要出版物有《音乐年鉴》等。这个机构建立之初的活动经费主要由政府承担，之后一直与英国文化委员会保持密切的配合，积极开展与世界各国的音乐交流活动。在联络国内外音乐艺术家、音乐团体、音乐机构之间沟通欣赏方面发挥了重要的宣传作用。[①]

英国英中中心是专门成立以促进两国文化学术往来，鼓励中英艺术合作，增进双方人民了解和感情的民间文化团体。该机构成立于1974年，活动内容非常广泛，包括提供关于中国方面的信息咨询，借阅关于中国的书籍、资料，不定期组织中英文化研讨会、举办关于中国时政要闻报告会、举办中英艺术家交流项目、为中国学生和其他专业人员提供培训资助，并出版刊物《英国—中国》。

三、留学教育服务

英国留学教育的质量和服务一直被公认世界一流水准，不仅拥有完备先进的教学设施环境，建立了完整科学的课程设计流程，同时树立了严谨又不失灵活的教学理念。经过长期的发展，英国留学教育的管理经验和接待能力日益获得各国留学生的认可，特别是

---

① 范中汇：《世界各国文化概览·英国文化》，北京：文化艺术出版社2003年版，第83页。

2000年英政府出台新的留学政策之后，英国留学项目的吸引力进一步提升。具体来说，英国留学教育服务取得成功的要素包括：一是高质量的教育水平保证了赴英留学经历的含金量。英国教育管理部门对留学教育实施严格的监督评价管理，以国际一流教育的水准为各国留学生提供有针对性的课程设计。管理严谨、教学灵活、机制健全成为英国留学教育服务的体制保障。二是英国官方推行优惠的留学政策，对海外学生产生很大的吸引力。如，英国使馆为学生提供留学签证快速通道，英国教育部门在世界各地定期提供留学咨询服务，英国高校为留学生创设多层次、多样式的课程安排等。三是英语在世界商务、贸易、外交、生活等领域的通用语言地位为英国留学教育赢得了相当的语言优势。成功的英语教学项目、丰富的英语语言和文化读物、严谨公正的标准化语言考试逐步推广，对于英国留校教育而言侧面实现了良好的宣传效果并产生了巨大经济收益。

从经济合作与发展组织2007年至2012年《经合组织教育指标概览》统计数据可以看出，英国凭借其优质的教学质量成为继美国之后第二大留学生招收大国。英国留学教育事业取得如此成绩源于其良性的教育机制，英国制定了严格的教学质量和科研成果评估机制，如 RAE 系统和 TQA 系统，对留学申请人进行高标准审核，保证英国高校或科研机构的留学教育从招收到毕业的质量水准；大批优秀英国留学毕业生和雄厚教学科研实力能够进一步增加各国留学生赴英的吸引力；如此往复，看似苛责的评审制度不但没有限制英国留学教育的发展，反而极大地提高了生源质量和学科发展的速度。

2005—2011年各国招收留学生比例变化情况

(单位：百分比)[1]

年份 国家	2005	2006	2007	2008	2009	2010	2011
英国	12	11	12	10	10	13	13
美国	22	20	20	19	18	17	17
澳大利亚	6	6	7	7	7	7	6
德国	10	9	9	7	7	6	6
法国	9	8	8	7	7	6	6
中国				6	5	5	
日本	5	4	4	4	4	3	4
俄罗斯联邦	3		2	4	4	4	4

英国留学教育服务的另一个特点是为海外留学生制定了丰厚的奖学金计划，以帮助更多的青年学生和各领域精英顺利完成在英国的学业。考虑到赴英留学的费用对于大部分人来说是相当的经济负担，英国政府、高等院校、科研机构以及相关教育国际组织和民间机构都纷纷设立种类和金额各异的奖学金项目，为许多有留英深造计划的求学者解除后顾之忧。其中影响较大的奖学金项目有"志奋领"奖学金、英联邦奖学金、马歇尔奖学金、英国9/11奖学基金等。

"志奋领"奖学金（Chevening Scholarships）[2]是英国政府推出的一项面向全球的奖学金计划，创始于1983年，原名为英国外交及联邦事务部奖学奖励计划，1994年更名为"志奋领"奖学金计划。到

---

[1] 数据来源为整理经济合作与发展组织2007年至2013年《经合组织教育指标概览》得出。
OECD, Education at a Glance: http://www.oecd.org/education/, 2013—10—20.
[2] 英国外交及联邦事务部官方网站: Foreign and Commonwealth Office, Chevening Scholarships,
http://www.fco.gov.uk/en/about-us/what-we-do/scholarships/chevening/, 2013—10—20.

目前为止已经为超过 4.2 万学生提供奖学金资助，主要面向申请英国一年期硕士学位留学生，申请人需要具备成为未来领导者、决策者或者舆论精英的明显潜质。志奋领奖学金成立之初就将资助范围确定为在未来政界、商界、媒体、民间社会、宗教或者学术界将发挥重要影响力的人才精英。目前已经为全世界 118 个国家和地区提供该项奖学金，仅 2012 年就有 700 多名学员成功接受志奋领奖学金赴英留学。奖学金大部分资金来源于英国外交和联邦事务部的出资，此外还有包括英国高校、其他政府部门和非政府机构的赞助。

志奋领奖学金凭借其对留学教育的贡献获得的高度认可，加上对申请人的严格把关，培养出一大批社会精英工作在社会的各个领域，因而具有很高的品牌性和认知度。从 1983 年仅提供 80 个奖学金名额的小规模计划开始，到 2002 年出现奖学金总额超过 32 亿英镑的资助高峰，实现了该奖学金项目的有机成长。英国外交和联邦事务部外交大臣威廉·黑格在 2010 年下院发言中指出："保持数量可观的奖学金计划，以吸引未来的决策者和舆论精英赴英留学，同时将奖学金设计得更加专业化，有针对性地为一小部分人提供资助。我们将削减今年的奖学金计划，（在资金允许的情况下）寻求 1000 万英镑的资金来源，并在未来几年维持一个规模更小、更具战略意义的奖学金项目。"[1]

这项久负盛名的奖学金对申领人资格的要求很高：申请人需要在未来十年内从事致力于成为国家领导者的事业；申请人需要在英进行有利于本人、母国和英国的研究和实践；申请人需要具备上进心和动力，具有自然的影响力和沟通能力；申请人需要

---

[1] Foreign and Commonwealth Office, Chevening: facts and figures, http://www.fco.gov.uk/en/about-us/what-we-do/scholarships/chevening/facts-figures/，2013—12—20。

重视网络，能够证明网络对其研究的价值，并能在世界范围内带来改变；申请人需为具有明显学术潜力的学习型人才；申请人需要具备坚强的性格，具备完整的、坚韧的自我管理和独立工作能力。自1983年成立该奖学金项目以来，已经向超过120个国家的公民提供过奖学金支持，参与该奖学金的学员学成后回到各自国家，成为政府、非政府机构、民间社会组织等许多关键领域的中坚力量，有的已经担任高级领导职务。在世界范围内成立校友社区，目前，亚洲成为志奋领奖学金最大的受惠群体，而中国留学人员又成为亚洲最大的申领群体，该奖学金全球最大校友社区也在中国。

2010至2011学年获得志奋领奖学金人数情况[①]

（单位：人）

国家	学者数量	国家	学者数量
中国	99	俄国	14
印度	26	南非	12
韩国	24	津巴布韦	11
埃及	23	伊拉克	10
印尼	21	约旦	10
土耳其	19	尼日利亚	9
巴西	18	叙利亚	8
墨西哥	17	阿富汗	7
巴基斯坦	17	克罗地亚	7
马来西亚	15	利比亚，塞尔维亚，越南，乌克兰，阿根廷，哥伦比亚和埃塞俄比亚	6

① Foreign and Commonwealth Office, Chevening: facts and figures, http://www.fco.gov.uk/en/about-us/what-we-do/scholarships/chevening/facts-figures/, 2013—12—21。

2011 至 2012 学年获得志奋领奖学金人数情况[1]

（单位：人）

国家	学者数量	国家	学者数量
中国	91	阿富汗	14
印度	54	尼日利亚	14
埃及	26	马来西亚	13
韩国	25	俄国	13
印尼	25	叙利亚	12
巴基斯坦	24	肯尼亚	12
墨西哥	20	苏丹	11
巴西	20	南非	11
土耳其	19	也门	10
伊拉克	15	约旦	9

志奋领奖学金校友社区分布情况[2]

（单位：人）

地区	校友数量	国家	校友数量
亚洲	13753	中国	3055
南美洲与加勒比海地区	5817	印度	1915
欧洲（欧盟国家）	4987	土耳其	1712
欧洲（非欧盟）	4969	墨西哥	1512
非洲	4930	巴西	1369
中东	4220	印尼	1281
澳大拉西亚	798	马来西亚	1250
北美	340	巴基斯坦	1202

---

[1] Foreign and Commonwealth Office, Chevening: facts and figures, http://www.fco.gov.uk/en/about-us/what-we-do/scholarships/chevening/facts-figures/，2013—10—21。

[2] Foreign and Commonwealth Office, Chevening: facts and figures, http://www.fco.gov.uk/en/about-us/what-we-do/scholarships/chevening/facts-figures/，2013—10—21。

英联邦奖学金计划（Commonwealth Scholarships）[①]由1959年成立的联邦奖学金委员会负责运作和管理工作，每年提供大约700份奖学金项目。该奖学金计划由英国国际发展部门、外交和联邦事务部、商业和创新科技部门、苏格兰政府与英国高校共同资助开发，这一计划同时提名英国公民赴其他英联邦国家留学。奖学金可以分为以下几大类：

1.博士研究奖学金，英联邦奖学金将资助为期三年的博士研究，但不资助已经在英国就读博士学位的发展中的英联邦国家的奖学金候选人。评估标准为候选人的学术成绩、研修计划的质量和候选人在其母国从事工作可能产生的影响。目前设立了"加拿大—英联邦博士后研究奖学金""印度—英联邦奖学金""新西兰—英联邦博士学位奖学金""新加坡—英联邦博士学位奖学金""特立尼达和多巴哥—英联邦硕博学位奖学金"。

2.硕士研究奖学金，资助为期一年的硕士学位研究活动，评估标准与上述博士研究奖学金相同。2002年设立英联邦远程学习奖学金，为申领人提供既能在本国工作和学习，又能远程修得英国硕士学位的机会。这是英联邦奖学金委员会和英国国际发展部共同探索创新的新的奖学金项目，到目前为止已经有近1000名学生获得该项奖学金。英联邦远程学习奖学金并不直接提供给学生个人，英联邦奖学金委员会和英国大学共同确定合适的课程并招募候选人。

3.共享奖学金，是英联邦留学基金管理委员会和英国大学联合倡议推动的奖学金计划，由英国国际发展部提供资金，支持来自发展中的英联邦国家留学人员，仅为一年期硕士学位研究提供奖学金。

[①] Foreign and Commonwealth Office, Commonwealth Scholarships,
http://www.fco.gov.uk/en/about-us/what-we-do/scholarships/commonwealth-scholarships/,
2013—10—21。

4.英联邦学术奖学金，该奖学金同样由英国国际发展部资助，主要目的是通过开发新的技术和联络方式提升受助人职业生涯发展，或通过互联网更新知识和技能。如果申请超过三个月的奖学金，必须是在本国和申请大学之间已经开展的合作研究，并具有很大研究价值的项目。奖学金候选人需要已经在英国学术机构获得博士学位，并且已经就职于指定的英联邦国家高校。

"马歇尔"奖学金（Marshall Scholarships）[1]是一项只针对美国公民的奖学金项目，主要由英国外交与联邦事务部资助，并接受马歇尔援助计划纪念委员会的监督。经1953年的议会法案通过成立该项奖学金，为纪念美国国务卿乔治·马歇尔而特别命名为马歇尔奖学金。奖学金设立的初衷是为了纪念"马歇尔计划"的人道主义理念，表达英国人民对于美国同伴持久的感激之情。马歇尔奖学金项目主要资助优秀的美国青年赴英进行学位申请。每年将有近40名学者被选定参加英国学术机构的研究生教育，马歇尔奖学金的受益学者作为未来的领导者拥有对英国社会连贯的了解，他们加强了英国人民和美国人民、两国政府和机构的牢固联系。马歇尔学者们普遍是非常有才华的、独立的、来自各个领域的，他们的学者经历将有助于他们的学术和个人发展。通过参与最前沿的学术课程，他们直接接受英国的教育，这有助于他们取得最终的个人成功。

马歇尔奖学金项目每年资助最多40名学者，支持为期两个学年，即22个月的学习研究，在个别情况下会由委员会延长时限，但最多不超过三个学年。奖学金的目标为：为了使智力杰出的美国青年人、国家的未来领导人到英国学习；为了帮助学者认识和了解当

---

[1] 英国外交及联邦事务部官方网站：Foreign and Commonwealth Office, Marshall Scholarships, http://www.fco.gov.uk/en/about-us/what-we-do/scholarships/marshall-scholarships/，2013—11—21。

代英国；为了激励美国学者作为大使到英国，反之亦然。通过他们在当地的生活加强英美相互了解；为了推动学者的个人和学术成就。[1]在美国，选拔程序由设在各地的总领事馆负责，分别设在亚特兰大、波士顿、芝加哥、休斯敦、洛杉矶、纽约、旧金山和华盛顿的英国大使馆。

马歇尔项目区别于其他奖学金的特殊之处在于：1.学者可以是来自于美国任意一所大学，并可以在英国任何一所机构选择他们的研究课程，从而为他们提供了最大的自由度和独立性。2.他们是唯一一个接受女王陛下资助的奖学金，因而具有独特的和广泛的与英国政府和人民联系的渠道。3.在美国八个地区进行严格的遴选程序，并由从政府、学术界、企业以及许多前马歇尔学者中广泛推选出的杰出者组成评选工作小组。4.长期保持的马歇尔校友网络有利于促进跨大西洋关系和学者返回美国后伴随而来的收益。5.马歇尔委员会为学者提供帮助和支持，以确保他们在英国的时间用得其所。

此外，还有专门为美国"9·11"事件受害家属提供的"英国9/11奖学基金"。这项基金的主要经费来源于英国个人和机构的慷慨捐赠。为在2001年"9·11"事件或其他恐怖袭击悲剧中失去父母或者监护人的学生提供资助；还包括在"9·11"事件或者其他恐怖袭击事件中父母或者监护人受到永久性的创伤，并能够证明其在英国接受更高的学习进修过程中遇到了困难和痛苦的学生。该奖学金没有年龄和学历限制，但需要申请人提交收入和资产标准信息以证明其真实需要。目标是为美国的恐怖袭击受害者家属提供到英国学习，接受世界先进教育的机会，使其不断接受挑战，创造性地开拓留学生的知识和眼界，以实现个人的雄心壮志。

---

[1] Marshall Scholarship Website，Who We Are，http://www.marshallscholarship.org/about/who_we_are，2013—11—23。

除了上述奖学金计划，英国政府还制定了吸引留学生的优惠政策。"首相计划"（Prime Minister's Initiative，简称PMI）创始于布莱尔政府任期，是英国政府为推动英国与世界各国开展高等教育合作研究而设立的政府资助项目。在第一个"首相计划"成功的基础上，2006年4月英国推出为期5年的"首相计划2"国际教育项目，简称PMI2。首相计划的目标是确保英国在国际教育领域的领导地位，并为英国和各国提供不断完善的英国国际教育。两份"首相计划"的关注重点分别为：提高留学生的创业和就业能力；建立与新兴国家的联系，同时强化已建立的教育联系。[1]

2007年5月，英国政府又推出"国际毕业生计划"（International Graduates Scheme，简称IGS）新政，规定"在英国承认的高等教育机构攻读任何专业并取得学士或学士以上学位的留学生，毕业后均可留在英国一年找工作，没有任何专业及成绩的限制。一年后学生可以在符合相关规定的前提下，通过申请技术移民、高技术移民、工作许可、学习或经商等多种方式继续在英国居留"[2]。这样就为赴英留学生提供了更多的就业机会和更为宽松的创业条件。2009年起，英国政府宣布外国留学生取得学位后，通过申请可以获得两年的停留期资格，这项政策改革被命名为"Post Study Work"签证计划，以取代之前的"国际毕业生计划"。这项签证为留学生提供了几项便利条件：1. 支持FULL TIME工作，无需申请劳工许可；2. 支持自主创业，开办公司；3. 不受出入境限制；4. 在到期时间内可转换成任意工作签证及各种移民签证。[3]

---

[1] Britishcouncil, The Prime Minister's Initiative（PMI 2）for International Education, http://www.britishcouncil.org/zh/srilanka-projects-and-networking-pmi2.htm, 2013—12—11。

[2] 英国留学"国际毕业生计划"项目介绍：http//edu.cnr.cn/list/201209/t20120930_511037399.html, 2013—9—1。

[3] post-study work 签证：http: //liuxue.eastday.com/NewsDetail-2102-0.html, 2013—12—11。

四、创意产业支撑

近年来，创意产业凭借其将文化、商业和科技相衔接的优势，日益超越传统产业，表现出强劲上升的势头。创意之父、英国学者霍金斯在《创意经济》中，把创意产业界定为"其产品都在知识产权法的保护范围之内的经济部门"。"全世界创意经济每天创造220亿美元的产值，并以5%的速度递增。一些国家增长的速度更快，美国达14%，英国为12%。纵观世界，一股巨大的创意经济浪潮正在形成。"①90年代之前，英国已经存在与创意相关的经济和产业，但没有明确的名称定位，创意经济由于没有得到政府的重视而仅局限于非政府机构自发的组织发展。布莱尔政府执政以后，正式将创意产业提升到国家战略发展的核心地位，并通过整理分析在英国经济衰退期间创意产业对经济作出巨大贡献的一系列数据认为创意产业已经成为超越传统金融业的强劲经济拉动力，并预测这一产业将成为世界经济发展的新的增长点。

英国政府于1998年提出创意产业概念，作为布莱尔政府"新英国运动"重要组成部分，目的是在新知识经济时代，开发利用文化资源和知识产权，为国家发展寻找新的经济增长点。布莱尔本人亲自担任"创意产业特别工作组"组长，在其大力推动下，英国政府先后发布了《1998年英国创意产业专题报告》和《2001年创意产业专题报告》两份研究成果。英国文化创意产业政策的目标是向海外市场推销文化产品和服务，成为世界创意中心。为了促进文化创意产业开发海外市场，英国成立了创意出口小组（CEG）、表演艺术发展小组（PAID）、设计协作小组（DP）三个产业出口指导小组，成

---

① ［英］霍金斯：《创意经济》，转引自毕佳、龙志超编著：《英国文化产业》，清华大学国家文化产业研究中心，北京：外语教学与研究出版社2007年版，第1页。

员由来自公共、私人机构和贸易企业的专家组成。他们制订文化产业发展的纲要，提供政策服务，在帮助文化创意企业发挥经济潜能、开发海外发展机会、扩大文化产品和服务出口方面发挥了积极的作用。①

根据英国文化委员会统计显示，2012年，英国有130万创意员工完成了18.2万项创意产业业务，另外还有超过100万人在各个行业从事与创意产业相关的工作。他们占据全球贸易总额的8.7%，即使在经济衰退期间，行业增长速度也达到其他经济部门的两倍。从2002年到2008年，全球创意产品的需求率每年增长11.5个百分点。英国政府已经意识到创意产业将对英国经济复苏发挥重要作用，到2020年甚至更长的时间，创意产业的成功将成为英国全球核心竞争优势的主要来源。目前，英国已经成为这一领域发展议程的领导者，创意产业不仅是经济的发动机，新兴的创意经济部门同时促进了英国社会包容性、多样性和发展性的提高。②

2012年1月25日，英国文化、通信与创意产业部部长埃德·维西在第十届牛津媒体大会上发表关于"英国创意产业的未来"的讲话，这次会议被认为设定了英国创意产业未来的发展议程。埃德·维西在讲话中介绍了英国创意产业在过去一年中取得的令人印象深刻的荣誉和成就，其中比较突出的有：《国王的演讲》作为非常成功的独立电影，在英国的票房为266万英镑，在世界其他地方票房总额为4.6千万英镑；电影《哈利波特》和《中间人》的成功，促进英国票房增长了7%，达到11.6亿英镑；《盗梦空间》获得了奥斯卡最佳视觉效果奖；25年来英国第一次占据英美音乐排行榜前三名，

---

① 张帆主编:《文化产业与文化创新》,镇江:江苏大学出版社2011年版,第142页。
② Britishcouncil, A perspective from the UK in 2010, http://creativeconomy.britishcouncil.org/about/, 2013—12—12。

阿黛尔的专辑《二十一岁》一直位列最畅销数字专辑；英国卫视的节目得到全球电视观众的喜爱，电视《唐顿庄园》获得第69届美国电影电视金球奖。尽管处于经济衰退期，英国广告业取得了令人印象深刻的增长，根据普华永道（PwC）最新的报告预测，未来四年英国广告业的规模将增长4.8%，达到17.7亿英镑。英国出版业作为创意产业的重要组成，创造出了19亿美元的营业额。英国巩固了其视频游戏的欧洲中心地位，欧洲销售的视频游戏软件有5%都出自英国工作室。基于在经济普遍衰退时期的能力表现，可以展望未来充满活力的创意产业的发展愿景。事实上，正如《英国卫报》强调的，英国创意产业为英国国民经济产出贡献了6到8个百分点，为150万人提供工作岗位。这使得其不得不追问，政府应如何努力维持这样的增长。[1]

创意产业是一个涉及多行业的产业链概念，是将创意、设计、投资、生产等环节联系起来的扩散聚合体系，是将创意理念和知识产权转化为经济价值和物质财富的过程。根据英国文化媒体体育部的《英国创意产业比较分析》研究报告，[2]英国13个创意产业可以划归为产品、服务以及艺术和工艺三个大类：

1. 产品类。出版业：英国共有近15000家出版公司，其中前10大出版商控制了整个出版市场60%的份额。巨大的欧洲市场、不断增加的消费需要和有益的经济环境使英国成为国际出版公司的首选，新闻集团、贡德·纳斯、哈珀·科林斯和麦克米伦这些大出版集团都在英国设有重要基地。

---

[1] Britishcouncil, What is the Future of the UK's Creative Industries? http: //creativeconomy.britishcouncil.org/Policy_Development/casestudies/what-future-uk-creative-industries/，2013—12—12。

[2] 参见毕佳、龙志超编著：《英国文化产业》，清华大学国家文化产业研究中心，北京：外语教学与研究出版社2007年版，第5—10页。

广播电视业：作为领导世界广播技术的先驱，英国也是世界第二大电视节目出口国。2003年出台的《通信法案》消除了控制电视产业的所有权障碍，使得英国广播电视市场成为世界上最自由的市场之一。

电影业：英国电影业拥有雄厚的实力，自从1990年以来，英国电影、演员及制片人赢得了超过20%的奥斯卡主要奖项。伦敦是全球第三大电影摄制中心。

互动休闲软件业：英国是世界第三大电视和电脑游戏市场。英国游戏软件的销售额占全球的16%，占据了英国和欧盟三分之一的市场，以及美国10%的市场份额。游戏软件市场是英国创意产业具有明显商业优势的一个最典型的例子。

时尚设计业：英国拥有全球最大的时装设计工业，时装业共创造了大约50亿英镑的产值，雇佣劳动力12.7万人。伦敦是各种概念和文化的大熔炉，伦敦的服装设计有不同于米兰的敏感性，更前沿，也更个性化。

2. 服务类。软件业：软件业是英国近年来增长最快的行业。英国软件和计算机服务市场是欧洲最大的市场，其产出占到英国国内生产总值的3%。英国政府通过长远规划，为企业提供减税政策和附加基金等措施，为英国软件业的发展奠定了牢固的基础。

设计业：设计业迄今为止是英国创意产业中最大的行业，每年为英国经济贡献270亿英镑。英国在设计方面的影响力巨大，被称作世界设计之都。英国有很多大型的设计集团，它们是更大的国际联合体的一部分。还有一些小型工作室或个体设计者，他们崇尚独立，崇尚自我发展道路，70%的英国设计公司都活跃在海外市场上。

音乐产业：音乐产业是英国的支柱产业，在全世界也拥有很高的地位。它平均每年为英国创造产值50亿英镑，既包括现场演出也包括唱片的发行。英国是世界第三大影像制品销售市场，是仅次于美国的第二大音像制品产出国。英国歌手和乐队在流行和摇滚乐坛始终保持世界领先的地位。世界知名的跨国公司如华纳、百代、环球占据了英国大部分唱片市场，然而英国的音乐产业中有90%都是中小型企业。

广告业：英国的广告尤以绝佳的创意闻名，其电视广告曾获得多项国际大奖。伦敦是世界第三大广告之都，仅次于纽约和东京。英国著名的广告公司包括WPP、萨奇、BBDO、AKQA、里奥·伯奈特，以及奥美广告公司。

建筑业：英国建筑业创造的业绩曾令世界同行钦佩。在伦敦，理查德·罗杰斯的千年穹顶，马克思·巴菲德的伦敦眼以及诺曼·福斯特的瑞士再保险总部大厦都是英国建筑的经典作品。2003年，英国建筑业创造增加值40亿英镑，出口创汇5.8亿英镑。英国还是建筑节能设计的先锋。

3. 艺术和工艺品类。表演艺术产业：英国政府将表演艺术门类中的舞蹈、话剧、歌剧和音乐剧划归表演艺术产业，英国的表演艺术水平世界领先，皇家歌剧院、皇家芭蕾舞团等都是世界闻名，并在全世界巡演，受到广泛赞誉。

艺术品和古玩业：英国是世界第二大艺术品和古玩市场。2003—2004年度，英国共拍卖了34302件艺术品，占全球拍卖总额的22.3%，高居全球第一；艺术品拍卖总额为5.5亿英镑，占全球市场的29.4%，列世界第二。伦敦是欧洲艺术品和古董交易的中心，有许多世界著名的拍卖行，比如索斯比拍卖行、克里斯蒂拍卖行。

手工工艺：英国工艺品理事会是陶瓷、玻璃制品等行业的设计师最主要的赞助和支持机构。

根据英国《创意产业经济评估统计报告2011》的数据，2009

年英国创意产业出口服务产值为89亿英镑，占英国出口总额的10.6%，创意产业中出口产值位列第一位的是英国出版业，出口收益为26亿英镑，占英国出口总额的3.1%。紧随其后依次分别为电视和广播行业（22亿英镑，占英国出口总额2.6%）、电影、录像和摄影行业（16亿英镑，占英国出口总额1.9%）、广告业（15亿英镑，占出口总额的1.8%），详见下表：

2011年英国创意产业服务出口情况[1]

行　业	出口额（百万）	占创意产业出口比重（%）	占总出口比重（%）
广告产业	1,477	16.6%	1.8%
建筑产业	324	3.6%	0.4%
艺术品和古玩业			
手工工艺业			
设计产业	104	1.2%	0.1%
时尚设计产业	7	0.1%	0.01%
电影、录像和摄影业	1,627	18.2%	1.9%
音乐和表演艺术产业	286	3.2%	0.3%
出版业	2,631	29.5%	3.1%
软件/电子出版业	215	2.4%	0.3%
数字和大众娱乐媒体产业	78	0.9%	0.1%
电影、电视产业	2,175	24.4%	2.6%
创意产业总计	8,923	100.0%	10.6%
英国出口总额	84,120		

总之，英国创意产业的不俗表现除归因于产业本身具有的强大生命力，也与英国优越的产业发展环境紧密相连，重视教育、融资支持、政府推动以及各界为创意产业拓展国际市场的援助是英国创

---

[1] Department for culture, media and sport: Creative Industries Economic Estimates Statistical Bulletin 2011, p.16。
http://www.culture.gov.uk/publications/8682.aspx，2013—12—12。

意产业健康发展的重要因素。英国以其丰富的创意人才资源、完善的产业机制和成熟先进的理念，创造出一股新的经济力量，为全球创意产业作出卓越的贡献。[1] 英国制定了具有前瞻性和战略性的创意产业发展政策，建立了国际一流的创意、设计、投资、生产产业链条，大力扶植相关产业的发展。在英国政府的大力推动下，英国创意产业深入挖掘文化历史资源，开发文化资源的商业经济价值，同时加强创意产品和创意服务的出口，加强国际级交流和影响力。英国将创意产业提到国家经济发展的战略层面，使其成为英国在知识经济时代提升综合国力，并获得文化影响力的重要路径。"创意产业在英国的不俗表现不仅在其国内备受关注，帮助英国实现了从'保守绅士'到'创意先锋'的转型，同时也在全球经济、政治、文化融合以及创意产业浪潮汹涌的大潮下，为许多谋求发展文化创意产业的国家树立了一个成功探索的典范。"[2]

---

[1] 郭梅君：《创意转型：创意产业发展与中国经济转型的互动研究》，北京：中国经济出版社 2011 年版，第 237 页。

[2] 柯亚沙、常禹萌：《从保守绅士到创意先锋：英国创意产业的奥秘》，文化部对外文化联络局编：《国际文化发展报告》，北京：商务印书馆 2005 年版，第 72 页。

第四章　战后英国文化外交发展轨迹

第二次世界大战结束以来，包括英国在内的欧洲大国无力挽回沦为世界二等国家地位的局势，各国都在竭尽所能维持在国际社会的利益和影响力。一方面，英国领导人清醒认识到在经济、政治和军事实力衰落之时，英国文化大国的优势地位不失为第四种外交资源；另一方面，事实证明德法两国率先开展的文化外交实践取得了良好的效果，文化力可以在一定程度上弥补被严重削弱的其他方面的国际影响力。因此，英国政府推动了一系列以文化为依托的外交战略设计，从冷战后的"三环外交"，到布莱尔政府的"新工党、新英国"计划，再到新世纪全面公共外交的开启，战后英国文化外交经历了几次重要的转型和飞跃，适时成功的文化外交也为英国保持世界大国地位作出重要贡献。本章就以三次最典型的文化外交战略为基础，梳理战后英国文化外交的大体脉络。

第一节　"三环外交"借重文化以弥补衰落

二战全面结束以后，各国着手开始战后政治、经济、文化、社会等方面的重建工作，如何设计战后外交战略和国际角色定位是各国都需要面对和考虑的重要问题。战争严重削弱了英国的综合国力，使其在英联邦内部、在欧洲和世界格局中的地位和影响力下降,赢得了胜利却付出了惨重的代价。世界大战粉碎了法西斯集团、撼动了英法等欧洲大国的实力基础、塑造了美苏两个新的世界级大国,丘吉尔"三环外交"正是在这种内外交困的外交环境下提出的。

一、"三环外交"提出背景

为了维持英国的世界大国地位,丘吉尔深刻分析内外局势,提出了精心设计、苦心用意的"三环外交"战略,这一思路独特、内容务实的外交设计在后来相当长的时间内影响着英国外交。其产生背景主要包括以下几个方面:

首先,英国国家实力衰退明显。经历了战火的蹂躏,英国国民财富遭受重大损失,战争吞噬了英国大量财富和人力资源,"国民财富的1/4,大概73亿英镑损失于战火之中。不但战时军费高达250亿英镑,而且国债也由1939年的72.5亿英镑增加到1945年的214.7亿英镑,战后欠债27.23亿英镑。此外英国为了支付其物资进口,还曾变卖了高达42亿英镑的海外资产"[①]。英国脆弱的经济体系已经无法维持战前和战时英国外交模式,亟需得到修整和恢复,特别是加强与英联邦、欧洲和美国的联系获得来自多方面的支撑。急剧衰落的国家实力是当时英国制定外交政策的最基本国内情况,丘吉尔无奈的同时也察觉到英国拥有的独特外交资源,即战争胜利带来的国际声誉,传统大国具有的丰富文化资源,因而"三环外交"的侧重点就是如何利用英国具有的语言和文化优势,以二等国家实力发挥一流世界大国的影响力。

其次,英联邦内部矛盾显现。英国联邦是英帝国的根基,二战过程中,英联邦殖民地和自治领为英国本土抗战贡献巨大,为英国

---

① 陈乐民主编:《战后英国外交史》,北京:世界知识出版社1994年版,第21页。

提供了政治、经济、军事、人力等方面的支持。战后，英国仍试图延续传统的殖民统治秩序，延续其百年辉煌。而事实上，一方面，二战的胜利激发了各殖民地的民族觉醒和民族抗争意识，英帝国内部出现了风起云涌的民族解放运动。丘吉尔意识到英属殖民地和英属自治领与英国政府间的离心力日益增强，而千疮百孔的英国经济已经难以维持曾经的强大控制力，英联邦帝国处在分崩离析的边缘。另一方面，国际社会也对英帝国体制施加压力，两个世界超级大国美国和苏联都对这一制度存在异议：苏联作为社会主义阵营的旗帜，明确反对帝国主义和殖民主义；而美国则是前英属殖民地解放独立建国，无论从其抗争的历史还是国际权力斗争的现实看，都对英国继续保持殖民帝国持保留态度。因此，英国迫切需要建立一套新的维系英联邦内部联系的运作体制，"三环外交"则体现了这种努力和尝试。

第三，世界力量格局发生巨变。二战摧毁了法西斯帝国主义，也从根本上动摇了整个欧洲的根基，国际力量的天平朝着美苏两个超级大国一方严重倾斜。西欧不再是国际事务和世界政治经济的中心，任何一个欧洲大国都无力在国际上发出有效的声音，西欧联合成为战后欧洲复兴的必然选择。英国传统上与西欧保持着若即若离的关系，一直扮演着平衡者和局外人的角色，这种游离的定位在保持了英国的外交自由的同时也在英国和欧陆之间设置了合作的间隙。

战争尚未结束之时，丘吉尔就已经权衡利弊阐明其战后的欧洲政策："英国四百年来的对外政策就是反对大陆上出现最强大、最富于侵略性和最霸道的国家，特别是防止比利时、荷兰、卢森堡落入这个国家的手中。从历史上看，在这四个世纪中，人和事、环境和情况已发生了变化，而这个目的却始终如一……我们总是走较为艰难的道路，参加不那么强大的一方，同它们联合起来，打败或挫败大陆上的军事霸主,不管它是谁,不管它统治的是哪一个国家。这样,我们就保住了欧洲的自由,保护了欧洲的生气勃勃和变化多端的社会的成长。……这是英国对外政策的本能的优良传统。在今天,我们的思路就是以此为基础的……"①丘吉尔战后"三环外交"中将英国与欧洲的紧密联系称为一环,正是这一外交思路的延续,英国试图继续以特殊身份在欧洲事务中发挥特殊作用。

在1948年10月的英国保守党年会上,丘吉尔提出了著名的"三环外交":"在这个关系到人类命运的时刻,在展望我国未来时,我感到在自由和民主国家中存在着三个大环。……第一环应当是英联邦和英帝国及其所包括的一切。第二个环是包括我国、加拿大及其他英联邦自治领在内,及美国起着如此重要作用的英语国家。最后一个环是联合起来的欧洲。这三个大环同时并存,一旦它们连接在一起,就没有任何力量或力量的结合足以推翻它们,或敢于向它们挑战。现在假如你们想象一下,你们就会看到,我们是在这三环中的每一个里面都占有重要地位的唯一国家。事实上,我们正处于三环间的连接点。"②

概言之,丘吉尔认为英国在战后的世界上应扮演三重角色③:1.遍及五大洲的英殖民帝国和英联邦的中心;2.与美国保有特殊关系的一个主要的大西洋国家;3.支撑着欧洲大陆上一种大致的军事和政治均势格局的一个主要的欧洲大国。显然,在丘吉尔的心目中,英国由于其广泛的国际联系和它在国际关系中所处的关键地位,注定要在国际政治中执其牛耳,发挥某种中心作用,使它可以充当不同国家和地区之间的桥梁和代言人。"三环外交"正是试图利用与英联

---

① 计秋枫、冯梁等:《英国文化与外交》,北京:世界知识出版社2002年版,第345—346页。
② [英]罗伯特·詹姆斯编:《丘吉尔演说全集1897—1963》(Robert Rhodes James ed., *Winston Churchill: His Complete Speeches 1897—1963*)第7卷,纽约,1974年版,第7712页。
③ 赵怀普:《英国与欧洲一体化》,北京:世界知识出版社2004年版,第29页。

邦的传统关系、与欧洲联合关系、与美国特殊关系继续扮演国际事务协调者的角色，试图建立起可以与美苏相抗衡的世界范围内的影响力，在美苏之间寻找到新的国际定位。

鉴于英国国力严重受损，"三环外交"的一个重要特征就是借助英国与其殖民地、自治领，与欧陆各国，与美国之间分享的文化共同点发挥外交影响力。在英殖民帝国的环上，英联邦内部存在传统的相互依存关系，文化、教育、思维、理念等方面深受英国本土的影响，三环外交的目的是在战后进一步确保或加强这类影响，塑造英国是英联邦各方的外交代言人和精神领导人的角色。在英美特殊关系的环上，由于英国最早的宗主国身份，它对美国的影响和联系是久远和深刻的，两国使用着相同的语言，分享着共同的宗教信仰，无论是英美之间殖民解放的对抗史还是二战时共同抵抗法西斯集团的抗战史，两个国家在历史和现实中拥有许多共同的文化和价值观元素。就像丘吉尔在著名的富尔顿演说中提到的，"英语民族之间兄弟联合。这指的是，不列颠王国和美利坚合众国之间的特殊关系。这种兄弟的联合不仅要求在我们两个广阔的、亲密无间的社会体系之间不断增长友谊和相互了解，而且要求我们在军事参谋部之间保持密切的联系，共同研究可能发生的危险"[①]。第三个环建立在英国与欧陆的联合之上，为了弥补自身国力的力不从心，英国决定以欧洲大陆作为后盾参与到国际事务的决策中。英国希望凭借共同继承西方文明的欧洲一员身份延续其大陆均衡政策，与欧洲主要是西欧建立起战后的联合关系。

总之，在国家实力不济的情况下，英国"三环外交"借助英国与各方广泛的传统文化联系，谋求的是保持世界大国的地位。文化

[①] ［苏］特鲁汉诺夫斯基：《丘吉尔的一生》，北京：北京出版社1982年版，第398—399页。

资源发挥了重要的外交纽带功能，文化交流成为重要的外交手段，战后英国利用仅存的文化资源优势稳定英联邦基础、联合欧陆大国力量、拉紧英美兄弟友谊，在世界力量对比变化中努力寻求恰当的国际角色定位。

二、《德罗赫达报告》与《创造性的未来》

丘吉尔"三环外交"提出之后，英国政府进一步推出相关的外交政策和指导方针，对今后一段时间内英国的文化外交工作作出规划，比较具有代表性的两份政府文件是1954年的《德罗赫达报告》和1993年的《创造性的未来》。

二战刚刚结束不久，英国政府就组织独立委员会对英国文化外交的战略方向、目标、执行机构等尚存在争议的问题进行调查和评估，最后汇总成著名的《德罗赫达报告》，并于1954年正式通过政府审批。该独立委员会通过对国内正在从事海外文化宣传工作的机构，如英国文化委员会、英国广播公司进行调查，同时收集世界各地关于英国文化外交的信息和情报反馈，制订出有针对性的文化外交规划方案。"德罗赫达委员会确立了英语海外宣传的三个目的，即支援本国的外交政策、维护并加强英联邦和英帝国、促进本国贸易并保护英国在海外的投资。《报告》建议削弱英国文化委员会在欧洲的活动，并大规模向第三世界转移，从战略上肯定了英国在海外从事文化、语言推广并以此影响海外舆论、获取海外利益的工作意义，对英国文化委员会的发展产生了重大影响。"[①]

通过调查评估，《德罗赫达报告》充分肯定了英国二战以来从事的海外文化宣传工作取得的成果，特别是在维持英国本土与英联邦各方的关系方面发挥了重要作用。英国文化教育、艺术交流和语言

---

① 徐波：《当代英国海外英语推广的政策研究》，西南大学博士学位论文，2009年，第57页。

课程服务项目等都在当地取得了认可和欢迎,特别是英语教学以及与之相关的英国文化知识课程,为英国文化外交开展深层次的交流活动提供了语言和知识保障。[①]德罗赫达委员会主张继续保持在各前英殖民地和自治领地区的文化宣传力度和规模,并在未来的工作中将这一领域作为英国文化外交的重点。这样可以弥补英国在二战后在上述地区逐渐丧失的政治控制力和忠诚感,而推广英国文化、提供英语教育则可以在课程学习过程中将英国的政治理念、社会价值观、文学意识、历史观点等潜移默化灌输给当地的民众,在受教育人群中建立与英国本土的文化认同和情感纽带。

《德罗赫达报告》中还指出未来英国文化外交工作的几个重点:第一,英语语言教学是英国海外文化宣传的核心工作,这是宣传英国政治、文学、历史、社会、法律、戏剧等文化成果的基础,也是英国维持文化控制力量的基本条件。掌握一门语言就会形成自发的阅读导向功能,具备探索语言背后文化知识的工具,因而海外语言教学工作应该提升到国家文化外交战略层面加以重视。第二,继续加深与英联邦各方当地受教育群体的联系,特别是争取潜在政治领导人、知识分子、青少年对英国文化的认可、了解和尊重。第三,关注当地意识形态发展,最大限度提供英国教育和文化服务。第四,创造性地设计文化与商业相互推动的发展模式,带动英国文化相关产业的发展,如出版业、留学服务行业和广播电视行业等。第五,积极开拓奖学金和基金来源渠道,通过提高政府财政拨款、吸收英国社会捐赠、联络海外企业出资等多种方式,为英国的文化外交建立体系化机制化的资金运作体制。

1990年初,原艺术和图书馆部(国家遗产部的前身)部长委托

[①] Drogheda Report Summary, *The Report of the Independent Committee of Enquiry into the Overseas Information Services*, London: HMSO, 1954, p.15.

英国艺术委员会（英格兰艺术委员会的前身），会同英国电影协会、手工艺委员会和地区艺术联合会等艺术拨款部门，共同制定一份跨世纪的国家艺术发展战略。1991年夏，英国艺术委员会就公众对艺术的态度问题在英格兰地区举行了大规模的调查，发表了44份调查报告，举办了60余次战略研讨会，地区地方政府和艺术机构召开了无数次讨论会。在此基础上，于1992年5月形成了"国家艺术发展战略"的讨论稿。1993年，经原国家遗产部审阅和修改后，发表了题为"创造性的未来"的"国家艺术发展战略"。[①] 这份报告是战后英国文化外交史上非常重要的纲领性文件，为之后的对外文化交流工作确立了基本的政策导向和政策框架。国家艺术发展战略报告的一个突出特点是英国官方政府在其中仅发挥倡议和审批功能，具体的制定和执行工作都是由准官方机构完成，体现了英国政府在文化管理方面"一臂之距"的灵活性。

《创造性的未来》国家艺术发展战略第一次全面阐释文化艺术交流的战略目标、工作重点和基本原则，成为各个国际文化交流机构组织开展工作依据的权威官方文件，对英国20世纪90年代以后的文化外交工作意义深远而重大。

英国政府于1993年发表的《创造性的未来》国家文化发展战略政策文件中，详细阐述了加强和支持进出英国的国际文化艺术活动的一系列原则和具体措施，指出英国开展国际文化艺术交流的政策原则是：1.鼓励英国的艺术家和艺术组织的作品走向国际空间，帮助英国公众更好地了解全世界的文化形式和文化活动；2.通过交流信息、合作生产及其他形式，扩大文化产品创作者、生产者、推销者、经纪人以及其他人士之间的国际交往与合作；3.确保英国的文化赞助

---

① 范中汇主编：《英国文化管理》，北京：文化艺术出版社2000年版，第75页。

人的利益在国际上被很好地体现出来。[①]

为了保证上述政策原则的实现,《创造性的未来》提出如下目标:1.艺术是地区性的,但也是世界性的,通过日益扩大的交流,加强国际了解;2.通过展示与参与其他国家的艺术、手工艺和大众传媒,英国文化部门的工作和公众的生活质量得到丰富和提高;3.通过展示和参与英国的艺术、手工艺和大众传媒,使其他国家的艺术社团和公众也得到类似的丰富与提高;4.通过向世界其他国家输出文化活动项目和工艺品,使英国的积极形象得到提高;5.积极支持英国社区与外国文化间历史的和民族的传统联系,促进相互利益。

在《创造性的未来》战略报告中,同时包括对具体的对外文化交流工作的指导意见:其一,报告建议英国对外文化交流应采取双向交流的方式,与各国建立开放式的国际文化互动机制,建立国际文化合作伙伴关系,利用双边合作搭建平等的文化信息沟通渠道。其二,为了更好地展示和参与英国的艺术、手工艺和大众传媒,向世界其他国家输出文化活动项目和工艺品,英国文化管理部门和非官方的跨国文化交流机构应该加大对欧洲文化市场的影响力,开拓欧洲影视、戏剧、国际巡展、出版物等领域的市场空间,提高英国在文化产业和文化咨询服务领域的业务质量和市场份额。其三,英语语言教学和教师培训工作仍然是文化外交的一个重要方面。推广语言有助于在国际文化市场上推销英国文化产品,有助于英国艺术家的文学、戏剧等语言类作品获得更多观众,也有助于更多外国优秀的文化成果引进英国,使英国民众的文化生活品质得到丰富和提高。最后,还提到了如何最大限度利用已经建立的文化联络,如英国文化委员会、欧洲剧院会议、国际剧院协会等机构开展活动,节

[①] 参见范中汇:《世界各国文化概览·英国文化》,北京:文化艺术出版社2003年版,第32—39页。

约对外文化交流的成本。此外还涉及关于移民许可、访问审批、艺术访问签证限制等方面的规定。

《创造性的未来》支持英国对外文化交流的重点是欧共体以及范围更加广泛的欧洲地区国家。英国在欧陆扩大文化影响的有利条件是，欧洲联合以来对文明和文化的多样性表现出极大的尊重，各国在文化交流互动合作方面享有很高的自由度，这为英国建立与共同体各国文化关系创造了宽松的文化环境。不利因素指的是在具体的文化交流事务中，英国需要解决在语言方面、差异的文化品位、文化产品成本、保护性的文化政策等方面具体的限制性因素。由此，国家艺术发展战略提出英国对欧洲文化关系的原则、需求和机会以及发展目标是：

（一）与欧共体相关的文化政策原则，除与国际艺术政策的总原则相一致之外还包括：英国的目标应当是在共同体内把文化活动与社会和经济生活的每一个有意义的方面结合起来，特别是环保、教育和经济发展；英国艺术家和公众应该能够从对共同体及其成员国提供资金的机会中充分地受益。

（二）在以下方面对欧共体内部提出一些特别的需求和机会，诸如关于共同体与艺术有关或可能有关的方针、政策和提供资助项目的早期信息；获得共同体的资助；共同体"入门"咨询、指南和访问协调；与成员国的规章制度、风俗习惯和关键人物有关的咨询服务等。

（三）自1988年以来的欧盟委员会"大众传媒计划"，其目的是在文化上将欧洲各民族文化连接在一起，在经济上利用成员国之间的网络加强其各自的音像业。如果英国想要从这一大众传媒计划或其他欧洲计划中获得好处，那么就需要对这些计划的有价值的支持，充分参与有关的共同体磋商和对伙伴资助提供足够的资金。

（四）在其他文化领域，在共同体一级的发展潜力有赖于1991年12月的马斯特里赫特条约，这包括需要充分考虑文化范围内所有共同体行动的条款。

（五）提供资金部门和团体应当为之努力的发展目标是：1. 应当鼓励欧盟委员会为跨境访问和艺术家及生产者的旅行补贴建立有效的基金；2. 应当鼓励欧共体为其各种决定清楚地采取、公开地宣布具有灵活性的准则；3. 欧共体当前对文化事务的考虑太不重视成员国之间的文化差异，而这是应当予以纠正的；4. 用于文化项目的发展资金已经成功地用于文化发展的多样性，并有可能得到更令人满意的使用；5. 加强提供资金部门的信息能力，使之在与欧共体以及其他成员国进行合作中更有效果。①

三、"三环文化外交"格局

战后英国文化外交活动的重点和思路延续了"三环外交"的设计路径，在全球文化交流领域也形成了三个重点对象的设定，即加强英国文化对英联邦的纽带作用，增进欧陆国家对英国文化的了解和尊重，深化与其他英语国家之间的文化联系。英国文化外交实践是"三环外交"发挥作用的重要手段，体现了对战后文化战略的贯彻和运用，根本上服务于整体外交布局。

首先，英国注重加强维系与英联邦内部的文化传统，以文化的力量弥补政治、经济、军事等方面控制力的下降。英国政府针对英联邦开展一系列文化、艺术、教育和科技交流活动，主要执行机构是英国文化委员会和英国海外高等教育校际委员会。英国政府巧妙利用了许多英联邦成员的英帝国情结，通过当地居住的大量英国移民搭建联邦情感和认同感的桥梁。"1950年，在英国的倡导下，澳

---

① 参见范中汇主编：《英国文化管理》，北京：文化艺术出版社2000年版，第132—133页。

大利亚、加拿大、新西兰、印度、巴基斯坦、斯里兰卡、南非和英国八个英联邦国家联合设立了科伦坡计划奖学金（Colombo Plan Scholarship），通过培训和援助等方式促进各国的经济和社会发展。英国更试图以此项目来维持其在南亚和东南亚地区的影响。1958年，英联邦奖学金和助学金计划（Commonwealth Scholarships and Fellowships Program）启动，目的是从英联邦范围内挑选出有潜力为自己国家作出巨大贡献的人才，奖励并资助他们到英国或其他英联邦国家深造。1962年，在英国政府的资助下，英国文化委员会启动了英联邦英语援助计划（Aid to Commonwealth English），使得其英语教学专家可以为英联邦国家的英语教师培训提供帮助。"①

英国对英联邦成员开展文化外交过程中非常注意运用灵活多样的实践方式。其一，政府推动和参与了许多大型文化交流项目，如为援助英联邦语言和科技教育提供财政拨款；资助英国广播公司创办面向英联邦国家的语言类节目；在主要联邦成员国如澳大利亚、印度、新西兰等设置文化事务办公室等等。其二，鼓励成立各类专业机构开展形式和主题多样的语言教学和教育合作，例如成立了英联邦大学联盟、海外高等教育校际委员会、英联邦英语国家联盟等机构。其三，在文化外交实践过程中，调整了战前英政府对前殖民地居高临下的文化态度，以平等的姿态、协商一致的原则开展教育和科技合作；特别是在文化艺术交流过程中，注重保持双方文化成果的互动和双向流通，避免对联邦成员造成英国强势文化侵略的负面影响。

应该说，英政府在联邦内部的文化交流政策是成功的，语言教学成为继政治隶属和经济附属关系之后新的关系纽带。在传统感情、

---

① 胡文涛、招春袖：《英国与英联邦国家间文化外交评析》，载《欧洲研究》2010年第2期，第112页。

认同和忠诚意识的作用下，脱离英帝国的独立的前殖民地国家并没有刻意削弱英国文化和英语在本国的影响力，反而积极参与到各种国际教育援助计划当中，英国与前联邦成员之间维持了较为稳固的英联邦文化共同体。

其次，与欧洲大陆开展艺术交流和合作教育是英国文化外交的重要内容。从20世纪60年代开始，英国开始将文化外交的工作重心由维持与英联邦文化关系转为积极加强与欧洲大陆国家的文化交流活动，谋求欧洲民众对英国文化的熟悉和好感，利用文化上的亲近拉近英国与欧洲共同体的距离。许多专门面向英联邦内部成员的文化项目被扩大到整个欧洲范围，英国各国际文化交流机构也纷纷拓展其在欧洲的文化工作。在冷战的紧张局势下，英国政府格外关注文化外交能够实现的政治力量、文化利益平衡的外交功能，文化活动是英国扩大在西欧的文化影响力，同时打开与东欧思想交流的重要手段和载体。为此，在整个欧洲范围内组织开展许多高级别的大型文化活动。1960年，英国文化委员会组织了"朱利亚斯·凯撒现代时装展"和英国青年交响乐团在柏林的演出。同年，英国在苏联举办了一连串文艺交流活动，如"Old Vie剧团苏联巡演"，1963年在苏联举办"英伦音乐节"。1970年，英国和法国政府建立了"希思—庞皮杜基金"，为两国青年互访、奖学金及民间交流提供资助。①

英国在联合起来的欧洲各国开展文化外交是英国保持欧洲国家认同感和存在感的重要方式，英国政府与社会各级共同出资举办大型艺术展览和巡回演出，为欧洲民众提供了解这一游离于欧陆的国家的文化面貌的渠道，激发欧共体国家对于英国文明的认

---

① 参见钟新、何娟:《英国：从文化外交到公共外交的演进》，载《国际新闻界》2010年第7期，第21页。

可和尊重。正如英国一份官方文件中指出的："英国文化外交的重点是欧共体国家。文化外交的原则是：一方面要求更大限度地尊重国家、地区的文化样式的多样性，另一方面要求相互合作、共享信息和避免重复。文化外交的任务是：充分发挥英国文化艺术的力量及其潜在贡献，在国际文化艺术交流中满足英国公众多方面、多层次的文化需求。文化外交的目标是：在交流与合作中增进世界对英国的广泛了解，扩大英国在海外的影响，确立'三环文化外交'格局。"①

最后，英国与其他英语国家特别是美国的文化外交活动的重点是国家形象重塑、科学技术交流、高等院校教育合作等。战后英国实力状况使得领导人清醒认识到，必须充分利用外部力量保证英国在国际社会的发言权，因而英国特别重视与其前殖民地美国之间的特殊联系。丘吉尔在富尔顿演说中提到："如果没有我所说的各英语民族间同胞手足般的联合，要想有效防止战争和继续发展世界组织，都是办不到的。这种联合救世以英联邦和英帝国为一方与以美国为另一方建立特殊的关系。"②英国试图凭借英美两国使用相同的语言，信仰相同的宗教，延续了相同的实证思维方式，传承了许多相同的风俗传统，以及大量在美白人移民，极力渲染与美国的兄弟国情谊，目的是通过美国超级大国地位影响国际事务发展，最大限度保护英国的海外利益。

因此，在美国和加拿大等英语世界，英国针对性地设计了更多能够反映英国科技进步的交流项目，希望借助能源利用、生物医学、环境科学等高科技项目改变传统的顽固的英国老人形象。在许多英

---

① 李智：《文化外交：一种传播学的解读》，北京：北京大学出版社2005年版，第119页。
② Arthur M. Schlesinger, Jr., *The Dynamics of World Power: A Documentary History of United States Foreign Policy: 1945—1973*, London 1973, Volume II, p.24。

语国家人民的印象中，仅保留了中世纪英国古堡、庄园、教堂、繁文缛节的老英国，缺乏对于教育发达、科技进步、时尚现代的新英国的认识。"因此，英国对美国和加拿大文化外交更看重现代英国的工业和高科技，特别注重牛津大学、剑桥大学等10来所大学发挥重要作用，引导科学方面的'皇家学会'，基金会（罗兹、纽菲尔德等）以及国外紧密'学院'网加入文化交流团队，着力向美国推销英国充满活力和具有创造力的形象。"①

此外，英国政府还鼓励社会非政府机构积极宣传英国最新的科学技术项目，促进英国与各英语国家建立文化商业合作，吸引更多对英国文化艺术科技发展项目的海外资助。英国对美国等英语国家文化外交期望的效果是"无论是美国人到英国还是英国人到美国，在心理上都有一种舒坦感，一种宾至如归的感觉。高校和学术机构广泛进行的学术交流，加深了双方观点的认同。双方的研究都具有超越国家性质"②。在英国政府的努力下，特殊关系逐步得到认同和实施，代表了英国文化外交对英语国家实践取得价值层面的合法性效果。

值得一提的是，为了促进对华文化交流项目和改善两国关系，1972年"英中委员会"成立，汤普森（Thompson）担任委员会主席，成员包括马尔科姆·麦克唐纳（Malcolm Macdonald）、特里维廉勋爵（Lord Trevelyan）、约翰·凯瑟克爵士（Sir John Keswick）。1973年，在英国皇家艺术学院举办了中国艺术珍品展览，同年还组织接待上海杂技表演团。1974年，该委员会改革为对公众开放的"英中文化中心"，中英两国还通过英国文化委员会、足球协会、英国外

---

① 赵可金：《公共外交的理论与实践》，上海：上海辞书出版社2007年版，第398页。
② 计秋枫、冯梁等：《英国文化与外交》，北京：世界知识出版社2002年版，第431—432页。

交及联邦事务部和英国皇家学会等机构开展交流活动。①

第二节 "新英国"创意文化以重塑形象

1997年,以"新工党、新英国"为口号的布莱尔政府入主唐宁街,布莱尔上任伊始就将打造富于创造性和时代感的新英国形象作为其执政创新和革新的目标。"鉴于英国已无可挽回地沦为一个世界二流国家、在硬实力方面已今非昔比的现实,英国政府更加重视其软实力的作用与影响,希望通过思想和文化方面的感染力使英国成为世界的'灯塔'和21世纪的'楷模'。这里所说的'软实力'主要包括:语言、文化(包括政治经济体制)遗产及其创新,以及英国媒体在世界范围内的广泛影响;丰富的外交经验与广泛的国际联系在全球外交活动中所产生的效果与影响,等等。"②在这一外交定位的指导下,英国政府推出一系列以朝气、活力、创意、时代为主题的文化发展政策和对外文化交流项目,为传统老成持重的英国形象注入青春与激情,重新塑造了散发着新不列颠独特魅力的文化强国形象。

一、"新英国运动"提出背景

冷战结束以来,国际事务的主题和性质更加多元复杂,全球化背景下飞速发展的经贸往来和文化交流,地区一体化深入推进,新兴经济体崛起,都对英国文化外交提出新的要求和挑战。英国的文化外交受到来自国际国内两方面因素的挑战,并推动布莱尔政府调

---

① 英国国家档案馆官方网站,The UK archives network: Royal Society 1934—1984, http://www.nationalarchives.gov.uk/a2a/records.aspx?cat=117-ncuacs2188&cid=3—6#3—6,2013.2.17。

② 王振华:《英国外交的几个问题》,载《浙江学刊》2003年第3期,第123页。

整传统的三环文化外交格局，以实现新时期英国国际形象的重新塑造，这些影响英国文化外交政策走向的内政外交因素主要包括以下几个方面：

首先，世界经济全球化与欧洲一体化。全球化浪潮下各国相互依存的程度加深，人口、资源、信息的大规模流通和共享使各国之间形成紧密联系的利益相关体。生态问题、人口问题、毒品走私、跨国犯罪等非传统安全问题突破了国际问题和国内问题的界限，需要让渡某些国家主权开展国际合作与共同治理。在经济一体化的带动下，各民族文化交流的障碍进一步被打破，人们以更加开放和尊重的态度对待不同文明和价值观间的互动。与此同时，欧洲一体化进程加快，德法成为欧洲联盟核心，梅杰政府时期推行的消极对欧政策更加剧了英国的孤立状态，英国的影响力日益被排斥在欧洲关键决策之外，处于欧共一体化进程的边缘地区。

在这种形势下，英国试图继续保持独立于各方的平衡者角色变得十分困难且难以实现。正如布热津斯基在《大棋局》一书中对当时英国的战略困境描述道："英国不是一个地缘战略棋手。它没有那么多的重要选择，对欧洲前途也没有雄心勃勃的构想。它的相对衰落降低了它在欧洲起传统的平衡作用的能力。由于英国在欧洲统一问题上立场含糊，并同美国保持着一种日益淡化的特殊关系，在有关欧洲前途的重要选择方面英国正越来越成为一个局外人。伦敦基本上已经退出了欧洲棋局。"[1]

变化中的国际结构是布莱尔新英国政策的逻辑起点，而文化外交则能发挥独特外交功能，提高英国的软实力影响。布莱尔政府认识到经济全球化浪潮和欧洲一体化是不可扭转的历史进程，英国应

---

[1] ［美］兹比格纽·布热津斯基：《大棋局：美国的首要地位及其地缘战略》，中国国际问题研究所译，上海：上海人民出版社2007年版，第36页。

该正视经济实力,发挥文化资源优势,抓住一体化的发展机遇,主动争取大国地位和大国影响力。

文化外交方面具体来说,英国需要尽快调整自我孤立的状态,尽量消除国内弥漫的怀疑主义和孤立情绪,充分利用英国历史文明和思想文化方面的吸引力和感染力弥补硬实力方面的衰落,制定更加开放自信、更具针对性、更能拉动国家经济增长的文化外交和文化产业战略。布莱尔的"新英国"计划试图将英国传统的语言和文化遗产、世界范围内的外交联系和外交影响、独特的创新理念和文化体制与现代新媒体信息手段相结合,以积极和建设性的姿态加入全球治理和世界文化建设当中,重新树立英国世界一流大国的国际形象和国际认同。

其次,英国国家实力相对衰弱。二战以来,英国国家实力相对衰落的趋势一直没有发生根本逆转,作为战争胜利国的国际声誉,冷战中"大西洋"和"太平洋"的桥梁等重要角色都伴随冷战的结束失去了曾经的影响力。东西方对峙结束,英国具有相对优势的军事实力也在综合国力竞争中的地位下降,而经济和科技实力成为国际政治中核心评估要素。"20世纪90年代以来的不列颠,已经彻彻底底地从一个对外输出的大国演变成为一个净输入国。英国在曾经引以为自豪的金融、科技、工业等领域,狼狈不堪地丢城失地:德国马克取代英镑成为欧洲重要的流通货币;航空工业越来越依赖欧洲的伙伴国家;计算机工业沦为日本掌控;发动机生产分散到美、法、日、瑞诸国……英国人曾经具有的自信心已经随着大帝国光环的散去而逐步消失,更多的沮丧情绪以及'孤立主义'开始取而代之。"[1]原有的政治和军事优势相对贬值,而经济弱势在竞争中变得更

---

[1] 周保巍、成键主编:《欧盟大国外交政策的起源与发展》,上海:华东师范大学出版社2009年版,第150页。

加明显，加之欧陆国家德国和法国经济复兴势头逼人，太平洋新兴国家发展迅猛，美国也将战略视线逐渐撤离英国，不容乐观的外交环境下英国政府必须尽快在外交政治、外交理念、外交手段方面做出变革，努力维持或提高英国在国际社会的重要性和特殊性。

新执政的工党冷静分析英国参与国际竞争的优势和劣势后，提出发掘英国丰厚的文化资源、加强英国软实力建设以弥补硬实力衰弱的缺陷。"今天全世界说英语的人口达到10亿，尽管对其中的一半人来说，英语只是他们的第二语言。英语随着不列颠帝国及其商业影响力的扩张而扩张。由于其文化影响力（从莎士比亚到詹姆斯·乔伊斯），不列颠帝国衰落之后，英语的重要性仍然不断增加。二战后另一个英语国家美国的兴起更进一步推动了英语在全球的广泛传播……英语是全球新闻记者、学术人士、外交官和科学家使用的最多的语言，英语也是全球公民社会的通用语言，人们为了促进和平、保护人权和裁军协调行动，他们的交流工具就是英语。"[1]凭借英语在国际上突出的影响和作用，加之三环文化外交格局建立的世界范围内广泛和深入的文化联系，英国文化外交逐步立体化、体制化，英国教育以及标准考试等对外文化行为已经取得相当的国际认知和认可。英语、英国文化、英国标准、文化管理体制和海外交流网络成为布莱尔政府可以继承并进一步发展的文化资源，特别是与文化相关产业在拉动经济增长方面的潜力日益显现，都成为布莱尔政府提升英国软实力的基础。

最后，布莱尔与"新工党"执政。20世纪90年代以来，英国工党从新形势新背景出发，对工党传统执政理念和风格形象进行脱胎换骨的变革，努力打造新的政府风格和国家形象，制定更加自信

---

[1] ［美］康威·汉得森：《国际关系：世纪之交的冲突与合作》，金帆译，海口：海南出版社、三环出版社2004年版，第423—425页。

灵活的内政外交政策，将现代化和创意注入英国外交政策的设计和实践之中。表现在内政外交价值观念方面，新工党推崇的生活态度是面向未来，以开放的心态适应时代变革，努力成为经济全球化大潮中世界文化导向标，成为现代文明和价值观的创意中心。

对内，新工党强调英国独特价值观的重要意义，认为民主传统和民众精神而非议会主权机制构成英国宪政制度的核心。英国政府应该是开放性、包容性、国际主义的，维护国家就要保护珍贵的社会公平、开明宽容和创意活力思维理念。"布莱尔政府进行了上议院改革，极大地推动了上议院的民主化和现代化进程，以推荐或选举的公民议员取代世袭贵族。最高法院也从上议院迁出，使英国政体向三权分立的方向靠拢。此外，布莱尔政府在苏格兰、威尔士和北爱尔兰推出了一定程度的比例代表制，对英国宪政传统的简单多数选举制形成一定程度的修正。总之，通过一系列改革，英国现在已由自上而下的中央集权国家转变为更加民主的地方分权的国家。英国宪法改革将成为布莱尔主义最有延续力的政治遗产。"[①]

对外，新工党推出的"酷不列颠"国家形象工程将一个传统的、顽固的、缓慢的英国老人打造成充满朝气的、年轻的、爱国的、自信的、有创意的文化大国形象。特别是提出发展创意文化产业，不仅将英国的文化成果和影响力更加有效地传播到世界各地，更成为国家国民生产总值的重要经济支撑。英国的全球文化机构、产业创意理念、语言教育及标准化考试发展水平都处于世界领先地位，成为世界文化外交的成功典范。

新工党认为吸引世界各地青年人对英国文化产生了解、认同和尊重具有战略层面的深远意义。英国政府在继续保持对外文化交流

---

① 石同云：《论新工党的英国特性观》，载《国际论坛》2009年第11卷第2期，第66页。

和英语教育的世界一流水平之外,还特别关注新媒体的发展、新信息手段的应用,借助各种渠道全面展示英国的朝气蓬勃、自由开放和活力创新。英国政府各部门、社会团体和组织、研究单位及商业机构对文化作为一种特殊产业的认识不断加深,随着文化产业在国民经济中的地位不断提高,政府在文化政策上做了新的调整,其目的是为了适应后工业化时代以及信息社会到来对文化产业的要求,积极鼓励文化创新,积极面对和参与新的国际政治、经济和文化格局所带来的竞争与挑战,力图确保英国文化产业在快速变化的环境中持续性地发展。英国新政府的文化政策更为务实、跨行业、面向市场、鼓励创新、民众化。不仅提倡要保护好珍贵的文化遗产,使其继续发挥凸现英国文化特征的作用,更要突出文化艺术与其他行业之间相辅相成的互动关系以及这种关系所产生的巨大社会和经济效益。要开拓文化艺术市场,寻求文化的活力,重点放在启迪创新。[1] 新工党践行的文化外交理念是,国家间的文化交流和相互依存能够外溢出影响其他国家利益的外交功能,能够为英国赢得更多的现实或潜在的外交资源,创造更大的外交回旋空间,对英国的国家形象和国际地位产生正面的影响。

二、"酷不列颠"国家形象工程

"酷不列颠"(Cool Britannia)一词灵感来源于20世纪60年代英国国内兴起并日益高涨的对不列颠文化的自豪感,到20世纪90年代布莱尔领导新工党执政时成为代表英伦摇滚和流行音乐风格的关键词。1967年,英国著名的前卫摇滚乐队Bonzo Dog Doo Dah Band第一次用"酷不列颠"作为专辑歌曲的名字。1996年,"酷不列颠"再次出现在人们的视野,一家名为Ben & Jerry's ice-creams的冰淇

---

[1] 范中汇主编:《英国文化管理》,北京:文化艺术出版社2000年版,第293—294页。

淋公司用"酷不列颠"为一款以香草、草莓和巧克力脆饼为配方的新上市冰淇淋注册命名。该名称创意是由一位名叫莎拉·莫伊尼汉－威廉姆斯（Sarah Moynihan-Williams）的美国律师提出的，"酷不列颠"一词迅速出现在各大媒体和广告头条中，似乎带有文化复兴色彩的命名创造了巨大的商业成功。1996年底，"新闻周刊"杂志以"酷不列颠"作为封面标题，称伦敦是全世界最酷的首都。1997年，布莱尔领导新工党赢得大选，年轻富有活力的首相形象为这一艺术文化潮流注入了新的理念，推动了英国酷文化、酷形象运动的发展。①

布莱尔政府执政之后对英国国家形象进行了一系列调查研究，结果显示国际社会对英国的印象还固定在古老凝重的英伦城堡、顽固严肃的英国老人和缺乏亲切感和现代感的英国病人形象，因而新一届政府决心展开大刀阔斧的国家形象改造工程，彻底改变英国保守沉闷的呆板形象，展现给世界一个脱胎换骨、活力创新的酷不列颠。获胜后的新工党表示，它希望将英国的全部现代化。酷不列颠将取代大不列颠，将英国由约翰·梅杰单调温啤酒和板球的老英国形象改造为富于文化创意潜力和震撼力的新英国。进入21世纪以来，英国开展了一系列充满热情的具体措施，以充满活力和新鲜的国家形象推动宪政改革方案和欧洲一体化进程，这些举措有助于以"酷不列颠"的新国家身份创造世界范围内的吸引力和充满魅力的国家形象品牌。为了强化人们对"酷不列颠"形象的认可度，英国政府随后开展了一系列文化活动。1997年7月，在灯光炫目的唐宁街首相府邸举办了一次隆重的招待会，英国首相托尼·布莱尔着重强调领导创意文化产业的重要性，宣示英国将建设为一个年轻和时尚的帝国。1997年秋天，英国又推出国家形象宣传片《新不列颠》和

---

① Wikipedia, Cool Britannia, http://en.wikipedia.org/wiki/Cool_Britannia#1990s_culture, 2013.2.17。

《天佑女王》改编后的摇滚版国歌,并在随后几个月向各国领导人介绍创意英国和动力英国的各个方面。①

在英国政府的推动下"酷不列颠"的内涵由音乐和广告用语拓展到文化艺术政策的各个领域,1997年英国出版的《不列颠:重拾我们的身份》(Britain: Renewing our Identity)蓝皮书中强调,政府国家形象工程的目标就是将英国从对伤感的、过时的传统依赖性中释放出来。报告指出,英国迫切需要解决的问题是打造一个商标,即英国是外向的、多元文化主义的,处于创意中心地位,英国具备在一个开放的和相互依存的全球经济体中成功运作的能力。

英国著名学者马克·里奥纳德归纳了体现英国形象的六个特征②:1.世界枢纽(Hub UK-Britain as the world's crossroad):英国是全球的交通、信息和金融枢纽。2.创意之岛(creative island):英国历史上贡献了莎士比亚、狄更斯、培根等世界文学巨匠,还盛产了近代历史上70%的科技发明,共获得90次诺贝尔科学奖,英国创意产业以每年12%的速度快速增长。3.多元包容(united colors of Britain):英国是欧洲的大熔炉。多种族裔构成英国社会并和谐相处。伦敦是世界上全球化程度最高的都市之一。4.自由开放(open for business):英国是自由市场经济和自由贸易思想诞生的摇篮,有鼓励自由市场竞争的深厚传统。5.默默的变革者(silent revolutionary):英国在减少流血和动荡的前提下,在改善社会制度增进人类福祉方面作出了巨大贡献,如社会民主制度、自由市场制度、市政公用事业和全民医疗标记制度方面的革新。6.正义的使者

---

① OpenLearn, Eugene McLoughlin: Re-branding Britain,
http://www.open.edu/openlearn/society/politics-policy-people/sociology/re-branding-britain, 2013.2.17。
② 参见钟新、何娟:《英国:从文化外交到公共外交的演进》,载《国际新闻界》2010年第7期,第21页。

（the nation of fair play）：英国人普遍具有正义精神，半数以上的社会成年人从事慈善公益事业。

1998年，一个级别高端的"大不列颠品牌重塑"小组成立，它被授权在千禧年到来之际，设计一份向全世界重新展现英国国家形象的设计蓝本。"千禧年小组"（Panel 2000）的组员包括政府工作人员、时尚设计人士、商界精英、非政府活动家和新闻媒体工作者，33位各行精英组成国家形象创意团队，有意识地设法建立"酷不列颠"标志，将不列颠打造为一个动态的、向上的、精致的，在创造力和创新性领域处于世界领先地位的国家。"酷不列颠"将集中销售现代化的酷乐和时尚形象，如充满活力的英国当代艺术、英伦摇滚和音乐唱片，未来的英国旅游业也会在规模和内容上保持开放的形象。同时，以英国历史传统文化为基础重新描绘国家形象，比如邀请游客参加全国庆祝女王登基五十周年金禧纪念活动；还包括展现宏大壮观的皇家英国形象，如历史性的建筑、英伦城堡和花园；这是因为如果缺少对永恒文化遗产的展示，就不能构成完整的不列颠形象。[1]

总之，"酷不列颠"国家形象工程是在深入发掘英国传统文化资源的同时，开拓现代软实力组成要素，形成能够表达英国价值观的品牌语言。随着政府和非官方机构的各种国家公关活动的推进，"酷不列颠"的标志渗透到英国时尚设计理念、文化艺术交流、国际贸易设定、科技教育内容、金融市场运作乃至新闻传媒形式的方方面面，"酷不列颠"国家形象工程成为布莱尔政府文化外交的标志性成果之一。

---

[1] OpenLearn, Eugene McLoughlin: Re-branding Britain,
http://www.open.edu/openlearn/society/politics-policy-people/sociology/re-branding-britain, 2013.2.17。

三、"创意产业"品牌文化经济

英国政府于1998年提出创意产业概念,作为布莱尔政府"新英国运动"重要组成部分,目的是在新知识经济时代,开发利用文化资源和知识产权,为国家发展寻找新的经济增长点。在布莱尔的极大推动下,成立了由文化、媒体和体育部牵头,由外交部、贸工部、地方政府等组成的"创意产业特别工作组",布莱尔本人亲自担任组长。英国政府于1993年发表的《创造性的未来》文化发展战略政策文件,于1998年颁布的《英国创意工业路径文件》,这两份国家文化发展报告表明,英国新政府的文化政策更为务实、跨行业、面向市场、鼓励创新、民众化,不仅提倡要保护好珍贵的文化遗产,使其继续发挥凸显英国文化特征的作用,更要突出文化艺术与其他行业之间相辅相成的互动关系以及这种关系所产生的巨大社会和经济效益。要开拓文化艺术市场,寻求文化的活力,重点放在启迪创新。

政府还设立了创意产业出口促进咨询机构(CIEPAG),机构秘书由文化、媒体和体育部秘书以及英国贸易投资协会秘书联合担任。这个机构下面有四个分支,分别是内容、设计、遗产和旅游以及表演艺术。机构主席由Granada媒体公司的CEO查尔斯(Charles Allen)担任。创意产业出口促进咨询机构2002年停止运转,四个分支机构分别改为创新出口协会、设计协会、文化遗产和旅游协会,以及表演艺术协会。文化、媒体和体育部以及英国贸易投资协会依旧提供秘书工作。[①] 为了打造世界创意中心的国家形象,布莱尔政府采取了一系列措施推动英国创意产业的发展。

首先,重视创意人才培养。"创意人才是创意产业的新鲜血液。

[①] 姚一:《从大不列颠到酷不列颠》,http://biz.zjol.com.cn/05biz/system/2005/05/16/006111869.shtml,2013—3—3。

英国要想在创意产业方面处于世界领先地位，就必须在创意技能上取胜。而这必须通过个人、雇主和政府之间全新的合作，开启每个人的才能来实现。"[1] 布莱尔政府着力营造宽松自由自信的人才教育和成长环境，政府有针对性地为儿童制定创意技能培训课程；为在校大学生建立前往创意企业交流实习的渠道；为普通市民提供接触、了解、参与创意文化的公共博物馆、图书馆、展览会等。创意人才的培育需要充满创意精神的社会环境，将科技、文化和生活等要素融合在一起，共同组成人们可以改变、完善和享受的创意生活。

英国的文化工作机构和教育机构的工作目标包括：创意思想的产生，人才培养和保护，艺术的高质量、多元化和创新性，对年轻人的文化传承，社区文化，文化与科技手段的结合，产品的文化内涵，创意产业提供就业机会及艺术与科学相互促进等，反映出一种以人为本、以创意为本的目标追求。英国在2008年发布的《新经济下创意英国的新人才》战略报告中提出，要激发每个人的创意才能，缔造一流的创意企业、培养一流的创意人才。报告提出了26条详细行动计划和相应目标，包括"发现你的才能"项目、"创意合作关系计划"、"企业家及经营管理能力工作团体"[2] 等等。

其次，积极为创意产业发展开拓集资渠道。布莱尔执政伊始成立的"创意产业特别工作组"的基本功能之一就是，为文化创意发展、创意相关产业从业者提供资金方面的保障。创意投资的资金渠道包括政府财政拨款、准政府组织运营收益资助、个人或企业赞助、社会机构和基金会的捐助等。此外，为了鼓励全民参与到创意文化事业的建设中，国家以法律的形式规定发行国家彩票，并将一部分

---

[1] 英国文化、媒体和体育部：《创意英国：新经济的新人才》，中华人民共和国财政部，http://wzb.mof.gov.cn/pdlb/tszs/201208/t20120809_674363.html，2013—3—3。

[2] 张伟武：《文化创意产业研究》，北京：中信出版社2011年版，第26页。

国家彩票收入用于文化创意的发展中，如文化基础设施建设、对创意人才和项目的资助、开展创意产业政策报告调研工作等等。

"1994年11月19日英国发行了第一期国家彩票，到2001年上半年，国家彩票发行总额已高达314亿英镑，其中的25%用于资助文化艺术、体育和慈善事业。在1995年到1999年间，超过1000个艺术项目从'彩票基金'中获得了总额10亿英镑以上的资助。仅彩票收入一项，一年就可以为文化艺术事业筹集到赞助费6亿多英镑，极大地弥补了政府文化投资的不足，支持了优秀文化人才的培养项目。"[1]政府竭力为文化创意事业及其从业者的发展寻求灵活多样的资金来源，完善融资的体制并以法律的形式将其固定化、制度化，政府推动下的融资政策保证了文化产业发展的资金条件。

最后，政府提供政策和信息支持。英国对文化创意产业进行了大量基础研究，包括文化创意产业的出口政策与做法，文化创意产业的地区发展，文化创意产业产出、出口、就业统计数据，产业的发展现状等。这些研究为英国政府制定文化创意产业政策提供了完整的信息支持，从而保证了政府产业政策的有效性、连贯性、一致性。[2]在此基础上，为了更好地为创意产业及其从业者的发展提供政策上的保障，英国专门建立创意产业特别工作组，召集外交、文化、金融、贸易、科技、教育等方面的负责人共同分析英国创意产业的现状，并提出发展战略，如1993年《创造性的未来》、1998年《英国创意工业路径文件》和《创意产业图录报告》、2001年《创意产业专题报告》等。

英国政府还积极健全知识产权法律法规，保证创意理念、创意

---

[1] 毕佳、龙志超编著：《英国文化产业》，清华大学国家文化产业研究中心，北京：外语教学与研究出版社2007年版，第15页。

[2] 吴存东、吴琼：《文化创意产业概论》，北京：中国经济出版社2010年版，237页。

知识和创意技术在转化为经济价值过程中得到全面的法律保障。在政府与文化创意关系定位方面，英国政府坚持三项重要理念："一是政府需要艺术比艺术需要政府更为迫切；二是文化行政当局应尊重各种艺术团体的生态环境，容许艺术家在特定的生态环境中创作与展演；三是成功的艺术经纪人及文化行政官员，必须是始于自身对文化艺术的爱好和尊重，必须尊重文化生产的规律，为文化营造良好的发展环境。"① 正是基于对政府和文化创意之间关系的准确定位，英国政府科学高效地为创意产业的发展提供全面的政策信息和法律法规支持，为本国文化产业发展保驾护航。

英国新政府文化产业政策要点② 包括：1. 优秀文化艺术产品必须面向大众，而决不能仅供少数人享用。鼓励广大民众尤其是青少年积极参与各种文化活动，是政府政策的基本导向。为广大民众提供尽可能多的参与机会，让人们根据各自不同的喜好，从内容、形式迥然不同的优秀艺术品种中去获取知识，构筑人生发展所需的基本素质，服务于社会。

2. 支持优秀艺术门类的产业发展。英国政府认为，艺术品种无贵贱高低之分，只是在同一品种内有优劣之别。公众参与文化活动的程度和规模与文化产品的质量优劣直接相关。提倡文化创新并不意味着放弃优秀的文化传统；正好相反，创新来自传统文化的积淀，是对优秀传统文化的继承和发展。

3. 必须保证文化艺术成为教育服务体系的组成部分。发展教育事业、解决就业问题、提供卫生服务和促进产业发展是本届英国政府的首要工作，但实现上述领域的既定目标都离不开创造性的实用

---

① 毕佳、龙志超编著：《英国文化产业》，清华大学国家文化产业研究中心，北京：外语教学与研究出版社2007年版，第15页。
② 参见范中汇主编：《英国文化管理》，北京：文化艺术出版社2000年版，第293—297页。

技能的发展和应用。

4.必须认清文化艺术的经济价值，鼓励文化产业的发展。英国发展文化产业主要有利因素包括：文化产业将直接受益于其产值的高速增长（其发展速度平均近两倍于英国国民经济增长率），以及不断开发的国际市场；数据网络所开辟的新型全球性市场；英国工业革命所带来的英国文化在海外的广泛影响；发展中国家人民的收入和受教育水平大幅度提高所带来的潜在的消费英文产品、英国发明及设计的海外市场。

第三节 "公共外交"整合文化以提升实力

进入21世纪，英国文化外交的框架和理念遇到新的国际国内环境挑战：经济全球化进一步加深，世界各文明之间交流更加频繁，知识信息传播渠道和规模急速扩张，布莱尔政府的文化外交在议题设置和目标设定方面日益突破传统领域的限制，逐步转变为适应新媒体时代要求的公共外交，开启了英国文化外交的新阶段——公共外交时代。

一、"公共外交"的提出

"公共外交"（public diplomacy）的概念具有很深的文化渊源，可以说，公共外交的最早形式就是以文化外交的形式体现的。"公共外交"最初是由美国学者提出的，也是美国外交官经常使用的提法；在英国，通常将类似范畴的外交活动称为"文化外交"（culture diplomacy），经过发展完善成为更加全面的公共外交，英国外交政策中心发表的《公共外交》和《分类时代的英国公共外交》是两本比较全面地论述英国公共外交，尤其是冷战后英国公共外交理论与实践的著作，着重点在于为冷战后英国的公共外交实践提供理论支撑和策略指导。①

1965年，美国塔夫茨大学弗莱切尔法律与外交学院（Fletcher School of Law and Diplomacy）的埃蒙德·古里昂（Edmund Gullion）教授第一次使用"公共外交"一词，来归纳国际社会上运用各种资源进行国际宣传的行为。他将其定义为："公共外交旨在处理公众态度对政府外交政策的形成和实施所产生的影响。它包含超越传统外交的国际关系领域：政府对其他国家舆论的开发，一国私人利益集团与另一国的互动，外交使者与国外记者的联络等。公共外交的重心是信息和观点的流通。"②

美国"9·11"恐怖主义事件之后，各国政府智囊、非官方智库、学术界、舆论界展开讨论，分析出现如此重大悲剧事件的原因，人们很快将注意力集中到不成功的公共外交这一答案上。从2011年9月11日起，美国《外交季刊》《华盛顿季刊》《华盛顿邮报》《纽约时报》等报纸杂志发表了大量关于公共外交的论文，大部分论文的主旨是从各个角度论证美国开展公共外交的重要性和紧迫性，虽然不少文章缺乏理性思考，但的确从不同领域出发得出了类似的结论。同时，一些著作也先后推出，比如南希·斯诺（Nancy Snow）等人在2009年出版的《罗德里奇公共外交手册》、桑德拉·希尔伯斯泰恩（Sandra Silberstein）2002年出版的《话语的战争：语言、政治学与"9·11"》、布雷吉特·纳克斯（Brigitte Nacos）2002年出版的《大众媒体恐怖主义：媒体在恐怖主义和反恐主义中的角色》等。③

---

① 韩方明主编：《公共外交概论》，北京：北京大学出版社2011年版，第5页。
② Charles Wolf, Jr. and Brian Rosen, "Public Diplomacy: How to Think About and Improve It", *Rand-Initiated Research*, Santa Monica, 2004, p.3.
③ 韩方明主编：《公共外交概论》，北京：北京大学出版社2011年版，第5页。

美国国际交流署前署长约翰·莱因哈特在谈到公共外交时认为，美国公共外交是"美国政府进入国际思想市场的活动"。从更广泛的意义言之，公共外交所反映出来的是一国政府着眼于沟通不同思想文化，促进彼此的理解和交流的外交努力；或者说从根本上昭示了一国政府增进不同文化实体之间的相互理解和认知的社会责任，是一种开展国家行销、塑造一个国家良好形象的战略策划。[①]目前国内比较具有权威性的定义是由全国政协外事委员会主任赵启正给出的，他认为"公共外交，又译作公众外交，行为主体包括政府、社会精英和普通公众三个方面，其中政府是主导，社会精英是中坚，普通公众是基础。它和政府外交组成国家的整体外交。参与公共外交的各方从各种角度表达本国国情，说明国家的政策，以及解释外国对本国的不解之处，同时在国际交流活动中了解对方的有关观点。通过公共外交，可以更直接、更广泛地面对外国公众，从而能更有效地增强本国的文化吸引力和政治影响力，改善国际舆论环境，维护国家的利益，表达真实的国家形象"[②]。

公共外交得到世界各国广泛重视的另一个重要动因是软实力理论和国家软实力等概念的提出。"在国际政治中，衍生软力量的资源很大程度上产自一个组织和国家的文化所表达的价值观、其国内惯例及政策所树立的榜样，及其处理与别国关系的方式。政府有时发现很难驾驭及使用软力量，但这并不能削弱软力量的重要性。"[③]美国著名学者、肯尼迪政府学院院长约瑟夫·奈（Joseph S. Nye, Jr.）在20世纪80年代末则明确提出了软实力思想，这一概念被美国弗吉尼

[①] 赵可金：《公共外交的理论与实践》，上海：上海辞书出版社2007年版，第398页。
[②] 赵启正：《公共外交：中国公民向"世界公民"的身份转变》，载《时事报告》2010年第1期，第26页。
[③] 约瑟夫·奈：《软力量：世界政坛成功之道》，吴晓辉、钱程译，北京：东方出版社2005年版，第7页。

亚大学学者布兰德利·沃麦克称为是20世纪90年代后"最能激发世界范围内知识界想象力"的概念之一。

约瑟夫·奈在1990年出版的《注定领导：变化中的美国力量的本质》中指出，如果一个国家可以使其实力被他国视为合法，则它将遭受更少对其所期望的目标的抵制。如果其文化与意识形态有吸引力，其他国家将更愿意追随其后。如果该国能够建立与其社会相一致的国际规范，则它无需被迫改变。如果该国支持使得他国按照主导国家的预期采取行动或限制自身行为的制度，它可能无需以高昂代价运用硬实力。因此，软性的同化性实力与硬性的命令性实力同样重要。当前，实力正在变得更少转化性、更少强制性、更趋无形化。政治问题的现代趋势和变迁对实力及造就实力的资源的性质有着巨大的影响。约瑟夫·奈认为，文化价值观等理念性资源是软实力的核心要素。[1]

根据奈的观点，国家外交软性力量来源可以包括：对他国有吸引力的文化、在国内和国际上都能得到遵循的政治价值观、被视为合法和享有道德权威的外交政策。就软实力而言，权力运用对象的想法尤其重要，权力运用对象与权力实施者同样重要。吸引和说服是在社会中构建出来的。"能够凭借巧妙的战略转化为软实力的基础资源多种多样。基础资源包括文化、价值观、合法的政策、成功的国内样板、成功的经济以及有能力的军队。有时，出于软实力需要，它们体现为具体的有形资源，包括国家情报工作、信息机构、外交、公共外交、交流项目、援助项目、培训项目和各种其他措施。"上述

---

[1] Joseph S. Nye, Jr., "Soft Power", *Foreign Policy*, Issue 80, Fall 1990, pp.153—171; Joseph S. Nye, Jr., *Bound to Lead: The Changing Nature of American Power*, pp.29—35, p.188, p.297; Joseph S. Nye, Jr., *The Paradox of American Power: Why the World's Only Superpower Can't Go It Alone*, New York: Oxford University Press, 2002, pp.5—12。

软实力资源转化为行为过程如下:[1]

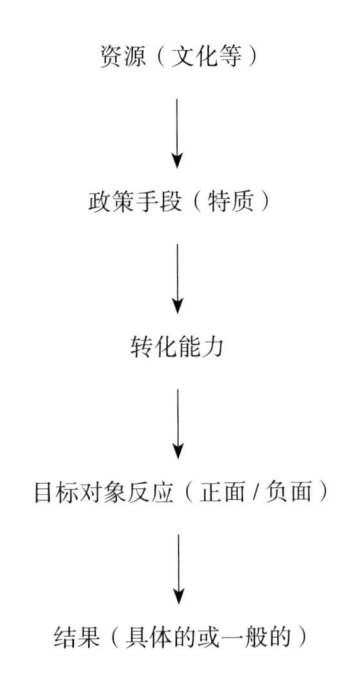

资源（文化等）
↓
政策手段（特质）
↓
转化能力
↓
目标对象反应（正面/负面）
↓
结果（具体的或一般的）

软实力资源向行为（结果）的转化图

在新媒体时代，国际政治的核心议题由军事和政治竞争逐步转变为国家道义力量、道德感召力、政治价值观和国家形象的构建和角逐。鉴于单纯凭借军事集团对抗或者政治联盟划界的外交方式在国际关系博弈中的实际效果难以为继，而另一方面国家间文化、信息、制度等软实力资源相互交流和依赖的程度日益增强，公共外交对于提升国家软实力的作用更加明显。信息时代的政治"最终可能是国际报道的较量"。话语成为软实力的货币。公共外交中连接政府信息与长期文化关系的结合随着公共外交的三个同心圆或者三个领域而变化：第一个也是离圆心最近的一个同心圆是日常传播，它包

---

[1] ［美］约瑟夫·奈：《权力大未来》，北京：中信出版社2012年版，第141页。

括对内政及外交决策情景的解释。公共外交中的迅速反应能力意味着错误的指控或误导的信息能够得到即时回应。第二个领域或同心圆是战略传播，与政治或广告运动一样，它也有一组简单的主题。2010年上海世博会或南非世界杯这样的特殊事件都适用战略传播。公共外交中第三个也是最广阔的一个同心圆或领域是在多年甚至几十年的时间里，通过奖学金、交流、培训、研讨会、会议和媒体渠道等发展持久关系。① 总之，在信息时代，软实力成为国家间实力新的竞争点，公共外交手段有助于将文化资源、价值观念、制度信息等转化为现实的国际影响力和国家形象。新媒体时代的公共外交实践具有了更加灵活的手段和渠道，发挥了传统外交手段无法实现的战略传播和价值宣传功能。

二、文化外交向公共外交转型

进入21世纪，英国文化外交进入向公共外交转型的发展新阶段。

文化外交与公共外交既有重叠，又有区别。文化外交是由一国政府直接领导、组织、授权、委托、协助的，对他国民众进行的文化价值观传播、人才交流、教育互动、知识沟通等外交实践活动。文化外交的行为主体是主权国家的政府，文化外交与国家形象紧密相连，文化外交的形式灵活、丰富、多样，与文化关系会有交错重叠的部分，在实践中有时共同发挥着传播文化的作用。而根据1987年美国国务院《国际关系术语词典》，公共外交是"由政府发起的交流项目，利用电台等信息传播手段，了解、获悉和影响其他国家的舆论，减少其他国家政府和民众对美国产生错误观念，避免引起关系复杂化，提高美国在国外民众中的形象和影响力，进而增进美国

---

① 参见［美］约瑟夫·奈:《权力大未来》，北京：中信出版社2012年版，第147—149页。

利益的活动"①。

比较文化外交和公共外交的概念可以看出，两者在很大程度上是重叠的：1.从主体上看，都是一国政府或者受政府委托的机构、组织；2.从客体上讲，都是面向他国民众；3.从内容上讲，都是以价值观、思想、知识、信息传播和交流为主要内容；4.从目标上看，都是为了提升国家形象和国家软实力。同时，文化外交和公共外交又有彼此独立的领域："就文化外交而言，还有政府间（而非面向国际公众）的文化外交；就公共外交而言，还有经济、军事、科技等方面（而非文化方面）的公共外交。"②在实践中，许多国家对于文化外交和公共外交的界定也不是十分明确，也没有刻意划分两个概念的界限。文化外交与公共外交与其说是两种不同质的外交，不如说是与文化相关的外交在维度上、范围上、方式上的发展演进，"随着国际政治的日益知识化、文化化（软权力化），公共外交将不断趋向文化外交；同时，随着国际大众传播媒介的大发展和公众的外交参与度的大提高，文化外交将不断趋向公共外交"③。

2001年，外交与联邦事务部国务大臣彼得·海恩（Peter Hain）在皇家国际事务研究所的一次演讲中表达过对于社会非政府组织和公民社会力量的重视。他重新界定了21世纪国际事务的构成和性质，认为传统的外交理念和外交手段已经无法应对层出不穷的非传统安全威胁。政府是传统意义上最重要的国际行为体和国家权力的主要代表，但在处理例如恐怖主义、气候问题、艾滋病蔓延、跨国犯罪等全球性威胁的时候，仅仅运用单一政府力量或者仅仅动员国家的外交力量，都难以兼顾受到众多要素影响的全球性事务，英国

---

① 唐小松、王义桅：《美国公众外交研究的兴起及其对美国对外政策的反思》，载《世界经济与政治》2003年第4期，第23页。
② 李智：《文化外交：一种传播学的解读》，北京：北京大学出版社2005年版，第35页。
③ 李智：《文化外交：一种传播学的解读》，北京：北京大学出版社2005年版，第35页。

需要重新审视外交的维度和范围。彼得·海恩提出，"传统的外交手段已无法解决，仅仅政府的努力已经不敷为用，必须把职业外交团队和众多非职业团队结合起来，形成政府和商业、公民社会协同努力的共同体"[①]。上述观点代表了英国文化外交发展的新趋势，表明英国官方已经意识到开启全方位的公共外交势在必行。在英国文化外交的基础上推动公共外交事业的发展日益得到各方的认可，并成为英国在21世纪英国文化外交的新议题。

作为转型的标志，2002年3月，英国财政部和外交部共同发布了一份评估英国公共外交的报告——《威尔顿评估报告》(The Wilton Review)，该报告考察了英国外交与联邦事务部、英国委员会和英国广播公司在"9·11"事件后的公共外交工作以及公共外交在传播政策、价值以及国家成绩方面日益突出的角色。报告认为，此前英国公共外交缺乏统一的战略，不同公共外交部门之间的协调亟待加强。同时，报告还认为，英国应该成立监督和评估的机构。该报告引起了英国议会、外交部和财政部的高度重视，并采取了一系列措施，在英国外交和联邦事务部中建立了公共外交总司，全面负责促进国际公众对英国外交政策的理解和展示英国的形象。[②]报告中指出英国开展公共外交亟需解决的几个问题，如缺乏统一协调的公共外交部门，缺乏指导和协调各方公共外交实践的战略纲领，缺乏对于英国公共外交行为效果进行评估和衡量的标准。在《威尔顿评估报告》的推动下，英国政府积极推动公共外交发展战略的制定，并在2002年底成立了专门的公共外交战略委员会。

2002年11月，外交部建立公共外交战略委员会，一个旨在能

---

① P. Hain, "The End of Foreign Policy? Speech to the Royal institute of International Affairs", London: RIIA, Green Alliance and the Fabian Society, 2001。

② 赵可金：《公共外交的理论与实践》，上海：上海辞书出版社2007年版，第398页。

够突出并促进英国海外利益的集体努力框架。委员会的成员来自英国外交及联邦事务部、英国广播公司世界服务部、英国文化委员会、英国旅游局、英国贸易投资总署、国际发展部、文化传媒和体育部、非政府机构等等。《英国外交及联邦事务部2002—2003年度报告》中写道，"我们得出结论，公共外交战略委员会将是保证英联邦海外利益和海外形象的所有手段中，一种持续有效的、积极进取的路径"[①]。公共外交战略委员会统筹了英国的主要公共外交参与者和各方力量，开展与公共外交相关的教学培训、活动营销、筹集资金、效果评估等工作。公共外交战略委员会成立的宗旨在于为英国公共外交提供有力的领导和明确的战略指导。委员会一方面着力突出和发挥不同的公共外交行为具备的优势条件，另一方面注重各方在实践中的有效协调配合。公共外交战略委员会作为英国公共外交的领导机构发挥着信息交流共享平台的功能，加强公共外交机构组织与合作体制建设，确立公共外交实践成效评审监督，执行国家公共外交资源的筹集和分配功能。

公共外交战略委员会于2003年5月确定了"公共外交战略"，主要由七个项目组成。该战略促进了相关部门相互协作、相互补充，国家品牌战略的经济振兴和政治、安全保障、民主化等，新旧观点都被吸收进去。此外，对公共外交的对象和重点区域都做了明确的标注。英国的公共外交把对象目标锁定在各国具有一定影响力、对内外信息敏感、有较高学历、18至25岁之间的青年人。重点区域列举了一些主要的经济发展中国家（中国、巴西、印度、俄罗斯、南非等），欧盟新成员国（中东欧各国），主要的伊斯兰国家（埃及、沙特阿拉伯、伊朗、巴基斯坦、印度尼西亚），主要的发达国家（日

[①] Foreign&Commonwealth Office, Foreign and Commonwealth Office Annual Report 2003, http://www.fco.gov.uk/resources/en/pdf/7179755/2003_feb_twelfth_report, 2013—3—3。

本、法国、德国以及美国)等。[①]经过一系列机构建设和战略制定，2004年开始，英国公共外交开始大规模推进海外公共外交项目，英国公共外交战略全面实践开来。

三、新媒体时代的公共外交

进入21世纪，英国文化外交逐步转型为公共外交，特别是"9·11"事件以来，英国政府在加强文化外交对于国家文化交流、创意产业发展的基础上，更加重视公共外交对于国家政治和安全领域的影响，认为英国公共外交有助于国外的个人或者社会组织了解英国，理解英国的国际关系等。Demos智库是布莱尔政府公共外交理论的主要智囊机构，该智库建议，英国明确把公共外交置于英国外交战略的中心地位，将英国国内事务与外交事务的界限打破，将广大社会部门纳入公共外交团队，公共外交的对象不仅是发展中国家，更重要的是发达国家，全面塑造英国国家形象。外交政策研究中心的报告深深影响了英国政府，包括外交及联邦事务部在内的整个布莱尔政府、英国下院在内的国家机构都明确树立了公共外交的理念。[②]新媒体时代多渠道的信息交流方式为英国打破冷漠古板的保守形象，打造充满创造性的思想、社会、产业、服务的软实力品牌提供了突破机遇，新世纪布莱尔政府集中精力投入大量资源开展公共外交活动。

英国公共外交实践具体包括以下几方面内容：

其一，英国的公共外交活动得到了政府的大力支持。英国政府为了保证公共外交的效果，并不作为公共外交的主要执行者，更多

---

① [日]金子将史、北野充主编：《公共外交："舆论时代"的外交战略》，《公共外交》翻译组译，北京：外语教学与研究出版社2010年版，第34—35页。

② 赵可金：《公共外交的理论与实践》，上海：上海辞书出版社2007年版，第402页。

时候是发挥官方影响力提供渠道和政策支持,在实践上,准官方机构、跨国公司、非政府组织乃至个人负责了大量具体的公共外交工作。英国政府的作用主要体现在组织牵头大型国家宣传活动;发布研究报告,制定纲领性的政策方针;对各个机构进行宏观监督和协调;提供政府财政拨款为公共外交提供经费支持等。英国政府还组织举办大型的国家主题宣传活动,例如从2003年4月到2004年1月开展的"创意英国"大型公关项目,这是英国政府组织的规模最大的一次海外宣传活动,由布莱尔首相本人作为形象大使,在北京、上海、广州和重庆四个城市进行大规模、大信息量的公共外交宣传活动。这次活动是政府主导下的对于英国文化艺术、时尚设计、科学技术、教育发明、传媒体育、社会环境等各领域成果的全面展示。该活动吸引了中国民众特别是青年一代对英国的熟悉和兴趣。由政府牵头的类似活动还有"古典英国""行星英国""英国科技:为了新世界""思想的交汇处"等。

其二,BBC的国家宣传活动成效显著。BBC是世界上最有影响力的国际广播公司,在全球拥有近两亿的听众,拥有44家海外新闻政策局,使用42种语言进行播报,记者遍布几乎每个国家。英国广播公司是一家准独立的公司,接受英国皇家宪章授权而正式独立于政府,在向世界表达英国对于国内事件、国际事务的观点看法,正面高效地介绍英国的历史和现实方面,发挥了强大的媒体影响力。媒体及其代表的巨大信息传播和整合力量是宣传和解释公共外交的最具广泛性的媒介。公共外交中的信息传播与一般的信息传播活动不同,更具有深层的战略含义:它的短期目标是为一国政府政策的合理性和可行性提供令人信服的解释;长远目标则内嵌于一国总体外交的战略框架,确保与他国民众长期的、正面的对话沟通,争取其对本国价值观的认同。[1]BBC的公共外交功能表现在通过国际信息传播渠道加深世界对英国的正确了解，推广英国民主自由的价值观，塑造英国现代开放的良好形象。"英国广播公司已经把世界电视台、国际在线和世界电台整合成为广播、电视和网络三位一体的统一大平台，即世界电台和全球新闻部（BBC World Service and Global News），通过投资新建或者改造更新其国内外的短波发射网、租用外国广播电台发射机和时段以及本土发射、卫星传输等手段，改善视听质量和效果。"[2]BBC凭借其全球广播覆盖网络和报道内容可信客观赢得了各国民众的认可，成为世界了解英国的重要窗口，在英国海外宣传公共外交方面发挥着无可取代的功能。

其三，英国的互联网资源是新媒体时代最具力量、最具影响力的公共外交手段，如微博、博客、Facebook、Twitter、Youtube、Flickr、Vimeo等都成为公共外交的信息平台和参与渠道。关于互联网对于现代社会的影响，著名传播学者李普曼提出了"拟态环境"的重要理论，指出由于现代社会信息庞大而繁杂，而人们的接收能力有限，故人们接触认识更多的是传播媒介通过对象征性事件或者信息进行选择加工、重新加以结构化之后的环境。英国政府意识到网络可以成为政府与各国民众之间非常有效的信息互动平台，政府可以传播精心设计且富有个性的国家形象；同时，网络社区良好的非正式的互动交流可以提高人民对英国政府、非政府机构、英国民众的亲切感，增进对英国对外宣传内容的信任，极大提升英国公共外交的效果。例如，英国文化委员会为了加强与在华英语学习者的联系，保持英语及英国文化对华影响力，2007年建立了一个专门服

---

[1] 欧亚、王朋进：《媒体应对：公共外交的传播理论与务实》，北京：时事出版社2011年版，第4页。

[2] 赵可金：《公共外交的理论与实践》，上海：上海辞书出版社2007年版，第404页。

务中国的社区网站；2009年9月，英国大使馆文化教育处开通新浪微博，11月英国驻华使馆也开通了新浪微博，主要内容就是介绍英国的文化历史知识、语言学习、标准化考试程序、留学讯息等与英国相关的信息；2010年7月，英国政府颁布"Twitter使用指南"，指导政府工作人员运用这一互联网工具开展对外交流和宣传工作。英国高度重视并积极运用互联网资源服务于国家的公共外交实践，拓宽对外宣传的信息渠道，使得英国的公共外交信息以最快的速度到达最广大的人群。

随着信息技术的发展，我们已经进入媒体时代。从网站、论坛到微博、微信，媒体不仅是公共外交实践的手段和平台，更可以作为评估公共外交效果的有效工具。媒体时代的舆论效果评估主要指在新媒体时代公共外交实践所达到的受众覆盖率和效果达成率。这是评估公共外交的一个值得引起重视的新指标。由于公共外交的基本特征就是公众性，对媒体舆论进行科学客观的评估可以作为在特定时间和事件上的公共外交传播效果是否实现的数据支持。赵启正就提出，对外传播是公共外交的重要方式，媒体是公共外交中最重要的角色。

首先，舆论效果评估需要确定核心信息的到达率。每个公共外交事件都有其目标和主题，媒体舆论是否准确把握了外交活动的初衷，是否顺利表达了外交活动的意图，是否成功传递了外交行为者的理念，每个环节都可以影响信息到达公共外交受众的情况。到达率是评估公共外交舆论效果的基础。明确掌握和认识到达率，才能保证公共外交行为者即便在传统的传播途径，如新闻广播，抑或利用新媒体传播途径，如博客、论坛、微博、微信上都能够避免机械盲目的信息扩散。

其次，评估公共外交的舆论效果对于受众态度产生的实际影响。

每一个公共外交受众都是公共外交效果网的一个点，各个点上的指标和发展趋势就决定了公共外交实践成败的最后结果。第一，我们要了解的是在特定的公共外交实践中，什么样的群体构成了这些点。也就是说，谁与这些活动有关，无论主动地还是被动地；谁参与到这些活动，无论有意识地还是无意识地；谁接受这些活动，无论是积极地还是消极地。总之，了解公共外交实践效果网上的每个点，把握受众情况。第二，按照年龄、地域、职业等标准变量细化受众群体。例如，中国在美国循环播放的国家宣传片虽然是面向所有美国民众的，然而宣传片在美国中产阶级和普通民众之间产生的效果是完全不同的。具有一定中国知识背景的人，才更能体会宣传片中的人物所希望展现出的中国在新时代的精神面貌；而不了解这些人物背后故事的人们则无法准确得到设计者想要传递的理念，甚至会对这种公共外交行为表示不理解。

最后，要跟踪考察得到信息的公共外交受众的态度变化走势。每项公共外交实践都会或多或少对公众的心理产生冲击。但是，由于每个人在生活环境、价值取向、思维方式、行为特征上存在差异，我们需要以一定时间跨度为基础的跟踪考察。可以说，对于公共外交的舆论效果而言，即时的受众反馈和长期的受众态度变化走势同样重要，同时掌握这两个参数才能保证测量的准确性。操作层面上，可以将现场抽样采访与事后的调查问卷相结合，从长期和短期两个层次收集整理数据，最终对公共外交的舆论效果做出科学客观的评估。

第五章　英国文化外交经验及启示

　　从战后至今，英国文化外交经历了几次重要转折，逐步建立起成熟、全面、立体的文化外交机制。以史为鉴，如果运用层次分析的方法分析英国战后文化外交的具体实践，我们可以从中提取出英国文化外交发挥成效的作用机制和实践经验。在国民层面，表现为培育独特的国民价值观念；在国家层面，表现为适时调整的国家形象设计；在国际体系层面，表现为务实的国际体系定位。在理论性的概念分析和实践性的经验梳理的基础上，本章尝试提炼大国文化外交内在的规律和现象背后的通则。研究战后英国文化外交的落脚点正是为日益走近世界舞台中心的中国提供可以借鉴和学习的有益参考。我们可以从英国文化外交的文化基础、实践模式以及发展脉络中归纳总结大国文化外交的某些启示。本章主要从三个方面总结战后英国文化外交对我们的启示：重视语言推广的价值、发展有竞争力的文化产业和官方与非官方机构相互配合。

第一节　英国文化外交的实践经验

　　从战后"三环文化外交"格局确立到全面开启公共外交，英国文化外交对维护战后英国大国地位发挥了不可取代的重要作用。战后至今 70 多年以来，英国政府保持世界影响力的各种外交努力中，英国文化外交构成了其中非常关键的内容，发挥了独特的外交功能。纵观战后英国文化外交实践取得的成绩，有几点经验非常值得我们借鉴：在国民层面，表现为培育独特的国民价值观念；在国家层面，表现为适时调整的国家形象设计；在国际体系层面，表现为务实的国际体系定位。

一、国民层面：突出独特的国民性格

国民性格表现为民族国家最为突出和重视的某些价值和文化特质，英国有学者这样描述道，国民性格是"一种渗透于全体人民无从得见的精神，它为大家所共有，尽管在每个人身上表现不完全一样，一种使他们的美德和邪恶具有特色的精神"[①]。国民性格对于个人而言，是其行为、举止、风度、气质、品德等素养的外在表现，对于一个民族而言则是文化和价值观取向的集体展现。国民性格是从大众社会品行中提取出的共同点，是民族文化对个人成长过程中持续性的价值观影响，最后形成社会大多数成员普遍具有的价值标准和性格特点。国民性格具有相当的稳定性和传承性，并通过个人社会化沉淀为一国最为稳固、鲜明和普遍的性格特征。英国国民性格特点是其独树一帜的文化外交建立的基础之一，培育和宣传有吸引力的民族性格也就能取得独特的文化外交效果。英国人珍视自己的传统价值标准，表现为国民性格中的贵族精神、绅士风度和务实进取（独立、奋斗、追求创新创意）。

丘吉尔曾经说过，你对过去观察得越久，你就对未来看得越远。英国贵族精神传承到今天不仅是一种对等级权威的尊重，更多地表

---

① ［英］塞缪尔·泰勒·科尔里奇：《时论集》第二卷，英国威廉皮克林出版社 1850 年版，第 668—669 页。

现为英国人对于特定价值标准、涵养气质、品行举止的骄傲和传承。"英国贵族精神则包括高贵的气质、宽厚的爱心、悲悯的情怀、承担的勇气以及坚韧的生命力、人格的尊严、人性的良知，始终恪守'美德和荣誉高于一切'的原则，是一种高尚的人格理想、高贵的精神气质和高雅的审美情趣。作为英国的传统，贵族不仅是一种地位和头衔，也是社会追随的目标。贵族以自己的行为准则和价值标准，成为民族的表率，久而久之便形成了贵族精神。"① 英国人在国际上也常常展现出这一古老精神财富的光彩，具体表现在英国人崇尚正直的人生态度，优越的主人意识，强烈的社会责任感，矜持待人、保守、固步自封等诸多品质的一种奇妙混合体。其中的一些特性，在不同的环境和不同的时代有着不同的表现形式，但无论其表现如何，不能否认的是，贵族精神的存在极大地影响着英国的历史发展和社会进步，贵族的传统风格中有一些值得称道的东西，这些东西对今天英国人的风格不能说没有影响。比如说英国人对国家的责任感、勇敢、坚韧、对自由的爱好、不屈服于强权等等，都可以在传统的贵族精神中找到。② 英国文化事业的发展也得益于贵族精神的沿用，在崇尚知识和文化的传统影响下，社会各界都以重视文化、艺术、教育为光荣而高尚的事业。英国政府也很注重对这部分国民特性的发扬，经常在各种文学作品、戏剧演出、影视节目中赞颂传统贵族价值准则，使之成为世界各国眼中英国人独特的精神标签。

英国人着力宣传的另一种引以为自豪的品格是绅士风度。绅士与血缘和出身没有必然的关系，更多象征的是一种个人道德标准和品行要求。绅士风度体现了英国民族心理价值观的取向，是英国民族性格

---

① 王甜：《浅议中世纪英国贵族精神中的社会责任感》，载《海外英语》2011年第1期，第222页。
② 参见钱乘旦、陈晓律：《在传统与变革之间：英国文化模式溯源》，南京：江苏人民出版社2010年版，第324页。

的外化。绅士风度建立在贵族精神的基础之上，又融合了英国中产阶级和普通大众的价值和行为准则，是传统精神与现代化进程相互作用的品格结晶。随着英国资本主义经济的发展，中产阶级发展成为社会的中坚力量，新兴社会阶层代表的价值理念与传统贵族之间经常产生碰撞和较量。贵族眼中的绅士是一个具有骑士气概的形象。这个人应该是正直的、决不食言的，对人殷勤而有礼貌，勇敢而又乐观地面对生活，坦然听从命运的安排；要有信誉，竭尽全力维护自己的荣誉，因此应该偿付所有的债务，特别是赌债；同时在荣誉受损时勇敢地站起来加以捍卫。总之，要表现出上层社会那种尊严的气势，既有居高临下的风度，又对下属显示慷慨和宽大为怀。相应地，中产阶级认为绅士是通过自己的行为和道德本质自我塑造的。出身与等级对于一个绅士来说并非必需，更重要的是他的奋斗精神。一个出身卑微的人靠自我奋斗也可以成为绅士，而他在精神和日常生活中的表现使他成为真正的绅士。他是正直的、忠诚的、向上的、勤俭的、克制的，充满活力，自尊自助，实际上就是中产阶级自我成功者的缩写。[①] 经过道德领域和行为原则等价值取向的碰撞，中产阶级的绅士价值观逐步向传统贵族主义的绅士标准倾斜，形成了具有普遍社会认同的英国绅士风度，即强烈的爱民族、爱国家精神，强烈的社会责任感，公平磊落的竞争观，客观理性的行事原则，对知识文化艺术的高度尊重以及对个人品行道德的严格要求等等。绅士风度已经成为英国民族的共同气质，成为不列颠民族区别于他人的性格标签。

二、国家层面：塑造良好国家形象

战后至今，英国文化外交工作的一个重要目标就是重塑不列颠

---

① 参见钱乘旦、陈晓律：《在传统与变革之间：英国文化模式溯源》，南京：江苏人民出版社2010年版，第347—348页。

形象，从战后的落日帝国到新兴文化创意大国的华丽转变展现了英国文化外交取得的显著成果。国家形象是一个古老的议题，现实主义学者将国家形象看作是彰显实力、树立权威并获取其他物质利益的权力角逐手段。这里，软实力理论对国家形象的理解是本书主要的分析视角，在国家层次上，亚历山大·沃因提出，权力实施者与行为的三个特质对吸引极为重要：善意、能力与榜样（魅力）。"善意"是权力实施者与他人相关的一个方面。被认为是善意的行为往往能引发同情、信任、信誉和默许。"才华"和"能力"指权力实施者做事的方式，它能够引发羡慕、尊敬和效仿。"榜样"或"魅力"是与权力实施者的理想、价值观和视野相关的一个方面，它往往能够引发鼓舞和遵循。要将资源（如文化、价值观和政策）转化为权力行为，这些特质至关重要。[①] 正面的和良好的国家形象得益于上述三个方面的构建，拥有独特吸引力的国家形象就可以在国际交往中获得认可和共鸣，实现硬实力无法实现的外交说服力。

国家形象反映了一国价值取向，是民族国家行为体行事风格、文化涵养和道德追求的集中体现，也是国际社会对于一个国家的整体认知和评价。有学者这样归纳国家形象，"国家形象是一个综合体，它是国家的外部公众和内部公众对国家本身、国家行为和国家各项活动及其成果所给予的总的认识和评定。国家形象具有极大的影响力、凝聚力，是一个国家整体实力的体现"。同时，"国家形象是国家力量和民族精神的表现和象征，是主权国家最重要的无形资产，是综合国力的集中体现"[②]。国家形象本身不具有强力色彩，主要依赖增强吸引力和竞争力来推动国家的发展，这种软性的力量在国家硬实力衰落的情况下表现出更为重要的补充作用。衰落的国家实

[①] [美]约瑟夫·奈:《权力大未来》，北京：中信出版社2012年版，第130—131页。
[②] 管文虎主编:《国家形象论》，成都：成都电子科技大学出版社2000年版，第23页。

力是战后英国制定外交政策的基本依据，丘吉尔无奈的同时也察觉到英国拥有的独特外交资源，即传统大国具有的丰富文化资源，因而"三环外交"的侧重点就是如何利用英国的语言和文化优势，以二等国家实力发挥世界一流大国的影响力。英国政府正是意识到国家形象有助于维护国家利益，才着力确立了文化大国的国际角色定位，以构建吸引力的方式展现另一种国家实力，利用精神灯塔的形象在国际事务中发挥举足轻重的影响力。

健康活力的新不列颠形象使英国文化外交取得重要成就，反过来又促进了英国文化教育项目在世界范围的吸引力，英国文学艺术戏剧作品的影响力，英国文化产业和文化产品以及蕴含其中的价值理念的品牌力。塑造国家形象，更多地突出其中的文化因素：构建本国文化的优越性，并利用其易于接受的表现形式，将其中蕴含的价值观念、道德意识等传播给其他国家，以增强他们对本国的认同感、亲和力，从而为其他方面的利益拓展奠定心理、思想基础。一个国家对外展示自身形象，能让更多的国家对本国产生认同感，增强美誉感，加强交流、理解和沟通，最终达到强化国家间的凝聚力，壮大本国国家实力，扩大在国际事务中的影响力，提高自身在国际体系中的地位的目的。[①] 英国充分利用自身历史文明和思想文化方面的吸引力和感染力弥补硬实力方面的衰落，制定更加开放自信、更具针对性、更能拉动国家经济增长的文化外交和文化产业战略。

以布莱尔的"新英国"计划为例，在二战后政治和军事优势相对贬值，欧陆国家德国和法国经济复兴势头逼人，太平洋新兴国家发展迅猛，美国也将战略视线逐渐撤离英国等不容乐观的外交环境下，新执政的工党冷静分析英国参与国际竞争的优势和劣势后，提

---

① 李正国：《国家形象构建》，北京：中国传媒大学出版社2006年版，第61页。

出发掘英国丰厚的文化资源、加强英国软实力建设以弥补硬实力衰弱的缺陷。其中的"酷不列颠"国家形象工程将不列颠打造为一个动态的、向上的、精致的，在创造力和创新性领域处于世界领先地位的国家。"酷不列颠"国家形象工程是在深入发掘英国传统文化资源的同时，开拓现代软力量组成要素，形成能够表达英国价值观的品牌语言。英国从改变自身形象入手，调整与国际社会其他国家的认知关系和内容，在各国民众心目中建立新的印象框架。"国家形象是其他国家的社会公众对该国的表面识别和本质认识，注重一国各个组成部分在受众心目中的反映和印象，是一种以知识和情感为主要标识的认同结构。如果说从其指称的显示标的来看，国际利益调整的关系主要是国家及其代表政府相互间的关系，奉行的逻辑是理性的、可衡量的、明确的利益的原则，国家形象调整的则是社会及其成员相互间的关系，奉行的是情感的、无法衡量的、纠结在一起的人文精神原则。"[①]

总之，打造有吸引力的国家形象是英国文化外交获得成功的基本经验之一。事实证明国际社会对一国形象认知的改变有助于改善该国的国际地位，增强该国关于国际议题的发言权，提升国家外交实践的影响力和辐射力。英国开展的一系列国家形象塑造项目将英国传统的语言和文化遗产、世界范围内的外交联系和外交影响、独特的创新理念和文化体制与现代新媒体信息手段相结合，以积极和建设性的姿态加入全球治理和世界文化建设当中，重新树立英国世界一流大国的国家形象和国际认同。

三、国际体系层面：明确国际战略定位

英国人务实理性的思维方式决定了其文化外交战略能从实际效

[①] 赵可金：《公共外交的理论与实践》，上海：上海辞书出版社2007年版，第124页。

果出发，做到适时灵活地调整战略目标和实践方式。对国际格局和国际地位客观清晰的判断是英国文化外交稳步推进、实现目标的基本保证。二战以后，英国的一系列文化外交战略布局都能够反映出对国际格局状况的深刻思考。英国选择在战后以文化作为主要的外交资源出于以下考虑：

第一，英国凭借实力难以为继传统的国际平衡者的角色，国家实力表现出结构性的衰落，欧陆国家、美国、新兴资本主义国家实力迅速增长，国力不济使得战前和战时的外交战略难以为继，无法满足英国维护其国家利益的需要。

第二，世界进入信息时代，知识、文化、科技的重要性凸显，政治和军事力量在国际竞争中的份额减退，传统文化资源的外交作用和意义越来越得到各国的认可。欧陆大国纷纷将语言、教育、艺术、文化产品的国际交流和沟通提到国家战略的高度，软实力成为新时代国家间较量的新领域。

第三，英国的确具有发展文化外交的资源储备，英语作为国际通用语言的地位也不容小觑，再加上传统大不列颠各成员国之间的情感和纽带也为英国文化外交准备了天然的舞台和跳板。丰厚的文化资源、广泛的国际文化联系和突出的语言优势，成为英国着力开展文化外交的有力支持。

总的来说，大英帝国的幅员和人口仍可支撑起它的大国形象，也是其保持大国影响力可以借助的重要支撑，制定务实可行的文化外交战略，成为世界精神领袖，是英国在国际社会保持绅士风度的战略选择。

纵观英国文化外交三个代表性阶段——"三环文化外交"、"新英国运动"、开启公共外交新时代的文化外交政策制定和执行，每个重大的决策都反映了对国家外交环境和国际定位的思考。

首先,"三环文化外交"阶段,战后英国文化外交活动的重点和思路延续了"三环外交"的设计路径,在全球文化交流领域也形成了三个重点对象的设定,即加强英国文化对英联邦的纽带作用,增进欧陆国家对英国文化的了解和尊重,深化与其他英语国家之间的文化联系。英国文化外交实践是"三环外交"发挥作用的重要手段,体现了对战后文化战略的贯彻和运用,根本上服务于整体外交布局。

在英国文化战略报告《创造性的未来》中,对具体的对外文化交流工作做出战略指导:其一,报告建议英国对外文化交流应采取双向交流的方式,与各国建立开放式的国际文化互动机制,建立国际文化合作伙伴关系,利用双边合作搭建平等的文化信息沟通渠道。其二,为了更好地展示和参与英国的艺术、手工艺和大众传媒,向世界其他国家输出文化活动项目和工艺品,英国文化管理部门和非官方的跨国文化交流机构应该加大对欧洲文化市场的影响力,开拓欧洲影视、戏剧、国际巡展、出版物等领域的市场空间,提高英国在文化产业和文化咨询服务领域的业务质量和市场份额。其三,英语语言教学和教师培训工作仍然是文化外交的一个重要方面。推广语言有助于在国际文化市场上推销英国文化产品,有助于英国艺术家的文学、戏剧等语言类作品获得更多观众,也有助于更多外国优秀的文化成果引进英国,使英国民众的文化生活品质得到丰富和提高。最后,还提到了如何最大限度利用已经建立的文化联络,如英国文化委员会、欧洲剧院会议、国际剧院协会等机构开展活动,节约对外文化交流的成本。此外还涉及关于移民许可、访问审批、艺术访问签证限制等方面的规定。

其次,布莱尔政府"新英国运动"阶段,在全球化浪潮的推动下,各个国家之间相互依存的程度不断提升,信息和知识以前所未有的规模流通和共享。世界各国彼此紧密联系,形成利益相关体。

在经济一体化的带动下，各民族文化交流的障碍进一步被打破，人们以更加开放和尊重的态度对待不同文明和价值观间的互动。变化中的国际结构是布莱尔新英国政策的逻辑起点，而文化外交则能发挥独特外交功能，提高英国的软实力影响。布莱尔政府认识到经济全球化浪潮和欧洲一体化是不可扭转的历史进程，英国应该正视经济实力，发挥文化资源优势，抓住一体化的发展机遇，主动争取大国地位和大国影响力。

英国的文化外交受到来自国际国内两方面因素的挑战，并推动布莱尔政府调整传统的三环文化外交格局，以实现新时期英国国家形象的重新塑造。在这一外交定位的指导下，英国政府推出一系列以朝气、活力、创意、时代为主题的文化发展政策和对外文化交流项目，为传统老成持重的英国形象注入青春与激情，重新塑造了散发着新不列颠独特魅力的文化强国形象。布莱尔的"新英国"计划以积极和建设性的姿态加入全球治理和世界文化建设当中，重新树立英国世界一流大国的国际形象和国际认同。

再次，当历史进入新媒体时代，信息的传播和获取渠道以几何速度增加，世界各国抓住机遇开展多层次宽领域的公共外交竞争。英国政府也积极参与到全球公共外交新浪潮中，调整文化外交的内涵和外延，开启英国公共外交的新时代。"9·11"事件之后，英国文化外交开始向公共外交转型。2002年3月，英国财政部和外交部共同发布了一份评估英国公共外交的报告——《威尔顿评估报告》，标志转型正式开始。2002年11月，外交部建立公共外交战略委员会，《英国外交及联邦事务部2002—2003年度报告》中写道："我们得出结论，公共外交战略委员会将是保证英联邦海外利益和海外形象的所有手段中，一种持续有效的、积极进取的路径。"[1]

公共外交战略委员会于2003年5月确定了"公共外交战略"，主要由七个项目组成。该战略促进了相关部门相互协作、相互补充，国家品牌战略的经济振兴和政治、安全保障、民主化等，新旧观点都被吸收进去。此外，对公共外交的对象和重点区域都做了明确的标注。进入21世纪，各国之间价值观吸引力、对外政策道德力、制度权威力等软实力的较量成为国际社会的主要议题，英国文化外交逐步转型为更为宽泛的公共外交，特别是"9·11"事件以来，英国政府在加强文化外交对于国家文化交流、创意产业发展的基础上，更加重视公共外交对于国家政治和安全领域的影响，认为英国公共外交有助于国外的个人或者社会组织了解英国，理解英国的外交政策等。经过一系列机构建设和战略制定，2004年开始，英国公共外交开始大规模推进海外公共外交项目，英国公共外交战略全面实践开来。

第二节 英国文化外交对中国的启示

他山之石，可以攻玉。英国拥有悠久的文化外交传统，其独具风格的理念和路径可以为世界其他国家，特别是大国的文化外交政策机制提供有借鉴价值的启发素材。在理论性的概念分析和实践性的经验梳理的基础上，我们可以尝试提炼大国文化外交内在的规律和现象背后的通则。尽管面临的外交环境和内在国情存在差异，我们也可以从英国文化外交的文化基础、实践模式以及发展脉络中归

---

[1] Foreign&Commonwealth Office, Foreign and Commonwealth Office Annual Report 2003, http://www.fco.gov.uk/resources/en/pdf/7179755/2003_feb_twelfth_report, 2013—3—3.

纳总结对中国文化外交的某些启示，即发掘文化大国的精神财富、重视语言推广的价值，以及发展有竞争力的文化产业。

一、发掘文化大国的精神财富

文化中最为稳定和抽象的东西，经过长时间和机制化的传承后就形成了具有鲜明特征的文化结构，这就是人们所谓的传统文化。传统文化塑造了中国文化外交。历史上形成的价值观定式已经烙印在这个民族的思想理念和行为模式中，它是中国文化外交战略发展史上最为稳定和根本的东西。英国丰厚的文化遗产是其开展文化外交的宝贵资源，中国同样具有值得骄傲的历史文化财富。文明古国不等于文化大国，中华文化积淀下来的优秀精神财富需要我们用新的视角和新的思维赋予其新的时代活力。中国传统文化深刻影响着中国文化外交的世界观视角、价值观取向和软实力基础。其核心价值观则是中国文化外交天然的和结构性的价值内核。悠久深远的文化资源已经并将继续塑造着有中国特色的文化外交实践的战略思考和实现路径。

中国传统文化是"中华文明演化而汇集成的一种反映民族特质和风貌的民族文化，是民族历史上各种思想文化、观念形态的总体表征，是指居住在中国地域内的中华民族及其祖先所创造的、为中华民族世世代代所继承发展的、具有鲜明民族特色的、历史悠久、内涵博大精深、传统优良的文化"[①]。从内容上看，儒家文化是中国传统文化的主体。"儒家文化是在长期历史积累的条件下，对各种文化体系不断继承、创新基础上建构的综合性文化体系。它的思想内涵主要表现在以下四个方面：人文精神、道德理性、人格追求和'和

---

① 中国传统文化网，http://www.chuantongwenhua.cn/，2013—3—30。

合'理想。"① "中庸""和合""仁爱"等基本思想构成了中国传统文化的核心价值。这些价值观具有很强的渗透力，形成了中华民族对于自我、社会、国家、世界，乃至宇宙的价值判断。研究中国传统文化对中国文化外交的影响，实际上就是讨论这些核心价值观如何通过文化的国际交流和传播影响他国民众。

文化外交的最主要的工作就是说服和影响他人的价值标准、道德判断和善恶取向，通过思想和信息的交流，特别是文化的跨国认同来实现不同国家的理解和认知。文化外交为中国传统文化价值观走向世界提供了天然和有效的实现路径。中华文化既具有民族特色，又能代表世界文化的精髓，借助文化外交可以实现强调"文化感召"和"心灵政治"，满足弘扬和展现儒家价值观的需求；进一步说，价值观输出本身就是文化外交的基本内容和主要目标之一。儒家文化作为中国传统文化的主体，她不仅是中华文明极具民族特性的价值观体系，同时也具备与世界上其他文明相互通融的某些共性，这就要求我们重视发掘东方文化的深厚底蕴，注入新的时代要素，为中国文化外交提供独特价值观和思维方式源泉。

比如，"和"的价值观。中国传统文化中的这一理念可谓博大精深，它是对目前世界主流价值观单极思维的补充与纠正。军事上，安全困境预设下的军备竞赛造成所有国家的不安全担忧增加；政治上，极端的政治诉求和膨胀的民族主义日益成为潜在的冲突导火索；文化上，文明和宗教信仰的差异成为地区动荡的深层诱因；生态上，工业化进程引发自然和生态环境急剧恶化，这从根本上威胁着人类的生存和繁衍。"和"的价值观为当今许多全球性危机提出了启发性的解决方案：既要认识到世界上所有行为体和合共生是人类延续的

---

① 李宗桂主编：《儒家文化与中华民族凝聚力》，广州：广东人民出版1998年版，第29页。

内生动力，又要理解和包容其各个组成部分的不同。"和"的普世性体现在她从人性道德出发，超越了语言和文化的差异，利用具有普遍适用性的伦理命题体现对人类的终极关怀。可以说，"和"从阐释上具有鲜明的中国儒家文化特色，从运用上却拥有可以推及世界的价值观意义。

要充分发挥自身优势，同时积极吸取国外成功的文化外交经验，将中华文化核心价值观介绍给世界各地的民众。从战后英国文化外交的历史演变中我们可以一窥文化大国如何发掘传统资源，结合现代科技，使语言、历史、制度、观念、道德等软性的实力资源发挥独特的外交功能，构成综合国力的重要部分。中华文化源远流长，悠久灿烂的精神遗产为中国文化外交提供了丰厚的资源。原文化部副部长孟晓驷在《人民日报》发表文章提到，"广大文化工作者应当深入探讨世界文化的多样性和统一性，积极促进不同文明与文化之间的坦诚对话，成为中国和平发展的排头兵和先遣队。驻外使领馆文化处和文化机构应当成为祖国和平发展的前沿阵地，努力打造'文化中国'的形象，以消除'中国威胁论'和妖魔化中国等反华宣传的影响"[①]。

中华文明具有强大的生命力，这是世上现存的唯一没有断裂的人类文明。世代更迭、异域文化冲击、文化自身丰富和消亡等来自内部或外部的挑战都没有削弱其演进动力。中国的诗书、字画、文学、戏剧、手工艺、礼仪、服饰等等都带有浓厚的中华文化要素，将这些人类文明的结晶传递给世界能够很大程度上提高我国的影响力和感召力。我们应该认真梳理这些宝贵的智慧，充分继承并发扬这份传承千年的人类财富，应用到中国文化外交实践当中，加强国

---

① 孟晓驷:《中国和平发展时代的文化使命》，载《人民日报》2004年7月27日，第9版。

际间的文化交流和互动，使文化发挥应有的外交功能。

二、重视语言推广的价值

英语语言及其相关课程教学是英国文化外交的一个突出成就。战后英国政府颁布的《德罗赫达报告》是英国确定海外语言推广战略的标志性文件，报告从战略的高度评价英国的文化和语言教育事业的深刻意义，将语言推广与国家外交政策、与国家经济利益相联系，从政治上表明英国政府的支持态度。以此为标志，英国语言教学和推广工作被定义为关系到增强英国国家实力的核心利益之一，被正式列入国家发展战略框架之中。以英国文化委员会为主要负责机构，英国逐步在世界各地建立起系统的英语课程教育体制，提供英语教学培训、英语等级考试、输出英语信息和资料等相关服务。

英语是世界上应用最为广泛的通用语言，英国文化外交重视语言教育对英国海外利益的维持和扩大功能，文化和语言不仅是人类交流的工具，也是可以实现经济增长的资源。语言教育的重点地区是发展中国家，重点培养人群是这些国家的精英阶层和青年一代，即最有可能成为影响国家决策的人。通过文化教育影响当地知识分子、成功人士、高校学生等受过良好教育群体的对英态度和判断。总之，语言不仅是一种工具，更是打开了解某民族文化的钥匙。英国借助语言传播实现了价值观、历史文化和民族精神的传递，使世界各国了解英国，进而尊重英国。鉴于此，我们也可以得到启发，重视汉语传播的外交价值。

通过设立机构有意识进行这方面努力的典型代表就是分布在全球各地的孔子学院。以兴办孔子学院为标志，中国文化的符号开始了向海外传播历程。一方面孔子学院是中国开展汉语言教学和培训的教学机构，另一方面孔子学院也是研究中国传统思想、弘扬中华文化的学术机构。孔子学院在全球范围内的建立表明中国开始重视语言的外交价值，并着力扩大中国语言在世界范围的影响力。具体来说，孔子学院在推广中国传统文化方面有以下方面意义。

首先，孔子学院加速了中华价值观的传播。"语言是文化得以传承的原因。"① 语言和文化是相生相伴的，接受语言教学也就意味着受到其背后文化的熏陶。而汉语较其他语言来说，其构成和含义本身蕴含着丰富的文化内涵。孔子学院通过汉语语言教学增进了外国公众对中国文化的亲切感，潜移默化地将儒家价值观介绍给世界。"本土化的动力来自人们在实现心灵慰藉时对于身边的可依赖的支持的需要，即对家庭邻里，对文化习俗，对把我们与他们分开的意识的需要。"② 这是中国传统文化价值观普世化的前提，是价值观输出的一扇窗户。

其次，中华文明是独特的也是神秘的，这既激发了世界对中华文化的极大好奇，也使他们保持着对未知文明的戒备和难以避免的误解。中国传统文化难以具有更广泛的影响，很大一部分原因就在于她没有展示给世人一套明确清晰的价值内涵，这也是中华文化普世价值资源受到制约的重要根源。从这一点讲，孔子学院的活动成功地搭建了一个文化平台，国外民众在这里可以观赏到中国文化遗产，如国画、武术；可以体会中国文化产品，如古典名著；进而可以接受这些中国符号传递的价值观意义。

最后，孔子学院的建立从更深层意义上讲，体现了中华民族的一种文化自觉和文化自信。我们真正通过各种形式积极主动地展示

---

① Minglang Zho, Heidi A. Ross, *Introduction*: *The Context of Theory and Practice*, M. Zhou, *Language Policy in the People's Republic of China*: *Theory and Practice since 1949*, Kluwer Academic Publishers, 2004, p.13.

② ［美］詹姆斯·N.罗西淄:《全球化与世界》，北京：中央编译出版社1998年版，第217页。

我们的思想理念,我们的价值标准。"孔子学院完成了向世界展现中国,将中国融入世界的任务。"[①]这种开放的心态和分享的意识是一种民族文化实现价值普世化的必要条件。汉语的广泛传播象征了国家的实力,也体现出中国文化的吸引力和魅力。从人类发展的内在规律看,以孔子学院为载体的中国文化外交将成为提升中国文化软实力的最具深远影响和最具潜力的外交活动。

三、发展有竞争力的文化产业

文化竞争力是一种可持续发展的竞争力。文化产业的发展在未来日益具有竞争力[②],一方面在于它总体上与自然生态环境、物质资源的协调发展,大大减少了对自然资源的过度开发,保护人类世代赖以生存的生态环境;另一方面,在于它在精神生态上的平衡能力。人们在解决了基本的物质生存需要之后,精神的、文化的、心理的需求凸显出来,文化产业主要满足人们的这类需要。它将满足人们的心理诉求,提升人们的文化素养、精神品位,进而提高全民族的文化教育水准。同时它也不断继承和开发宝贵的历史文化遗产和人文资源,通过智能资源的优化整合和创意开发,推动文化产业的不断升级换代。文化产品的无限可享用性,经典文化产品向一切时代开放的特征,特别彰显了文化产业的强大生态优势和可持续发展的竞争力。

英国将发展文化创意产业提高到国家文化战略层面,正是意识到有竞争力的文化产业所具有的巨大价值。创意产业的发展不仅对于一国的经济增长具有一定的推动作用,更重要的是,创意产业的

[①] Paradise, James F., "China and International Harmony: The Role of Confucius Institutes in Blolstring Beijing's Soft Power", Asoam Sirnet, 2009 Vol.49.Issue4, pp.647—665。

[②] 金元浦编著:《文化创意产业概论》,北京:高等教育出版社2010年版,第235页。

繁荣对于传播本国的文化和历史，扩大本国文化的影响力和辐射力，进而提高本国的国际综合竞争力具有重大意义。①

根据英国文化委员会统计显示，2010年，英国有130万创意员工完成了18.2万项创意产业业务，另外还有超过100万人在各个行业从事与创意产业相关的工作。他们占据全球贸易总额的8.7%，即使在经济衰退期间，行业增长速度也达到其他经济部门的两倍。从2002年到2008年，全球创意产品的需求率每年增长11.5个百分点。

英国政府已经意识到创意产业将对英国经济复苏发挥重要作用，到2020年甚至更长的时间，创意产业的成功将成为英国全球核心竞争优势的主要来源。目前，英国已经成为这一领域发展议程的领导者，创意产业不仅是经济的发动机，新兴的创意经济部门同时促进了英国社会包容性、多样性和发展性的提高。②2012年1月25日，英国文化、通信与创意产业部部长埃德·维西在第10届牛津媒体大会上发表关于"英国创意产业的未来"的讲话，这次会议被认为设定了英国创意产业未来的发展议程。正如《英国卫报》强调的，英国创意产业为英国国民经济产出贡献了6—8个百分点，为150万人提供工作岗位。这使得我们不得不追问，政府应如何努力维持这样的增长。③

从英国创意文化产业取得的成绩可以看出，有竞争力的文化产业能成为国家综合国力增长的动力。21世纪以来，中国政府也充分发挥作用，积极制定我国文化产业发展的纲领性政策。2009年中

---

① 厉无畏主编:《创意产业导论》，上海：学林出版社2006年版，第317页。
② Britishcouncil, A perspective from the UK In 2010, http://creativeconomy.britishcouncil.org/about/，2013—2—12。
③ Britishcouncil, What is the Future of the UK's Creative Industries?
http://creativeconomy.britishcouncil.org/Policy_Development/casestudies/what-future-uk-creative-industries/，2013—4—12。

国《文化产业振兴计划》[①]提出,确定文化产业发展的各项目标任务和当前文化体制改革的重点,大力培育市场主体,加快转变文化产业发展方式,进一步解放和发展文化生产力,切实维护我国文化安全,推动文化产业又好又快发展,将文化产业培育成国民经济新的增长点。

基本原则包括:坚持把社会效益放在首位,努力实现社会效益和经济效益的统一;坚持以体制改革和科技进步为动力,增强文化产业发展活力,提升文化创新能力;坚持走中国特色文化产业发展道路,学习借鉴世界优秀文化,积极推动中华民族文化繁荣发展;坚持以结构调整为主线,加快推进重大工程项目,扩大产业规模,增强文化产业整体实力和竞争力;坚持内外并举,积极开拓国内国际文化市场,增强中华文化在国际上的影响力。

对于中国在新世纪文化产业的发展,多桑斯托斯主编的《2008创意经济报告》中是这样评价的:"当前研究的一个重大发现是找到了证据表明,一些发展中国家,主要是亚洲的一些国家已经开始从全球活跃的创意经济中受益,并且正在推行适合于他们的跨部门联合政策来加强他们的创意产业。中国,作为这一发展过程的佼佼者,在2005年即成为高附加值创意产品的世界第一生产国和出口国。然而,绝大部分的发展中国家仍未能开发他们自身的创意潜力活力。这些发展中国家创意经济发展所面临的障碍是国内政策缺乏与全球体制失衡共同作用的结果……"[②]

悠久的中华文化、独特的民族特质、先进的生产力水平等都是中国文化产业的国际竞争力来源。文化产品是将文化与产业衔接起

[①] 中华人民共和国人民政府门户网站:《文化产业振兴规划》,http://www.gov.cn/jrzg/2009—09/26/content_1427394.htm 2013—4—15。

[②] 转引自金元浦编著:《文化创意产业概论》,北京:高等教育出版社2010年版,第222页。

来的中间要素，将蕴含中华文化符号和文化含量的产品以创意产业的形式推向世界，积极参与经济全球化和文化全球化的发展机遇是中国文化产业取得突破和发展的必然选择。中国发展文化产业要量力而行：在综合考察自身优势和市场需求后，通过大型文化企业的努力抢占文化制高点，力争在国际市场上占有一席之地。要集中全国各地的智力资源、物力资源、财力资源和信息资源，瞄准方向，力争在某些产业、某些方面、某些领域、某个战略性项目、某项战略性技术、某个关键性产品和某个枢纽环节上实现重大突破，抢占新兴产业、边缘产业的桥头堡，兴名牌、推精品、出力作。①

总之，在全球化的语境下，文化间的碰撞和交融已经是一种客观存在，文化资源和价值观吸引力成为各国国家利益的重要构成部分。积极有效的文化外交可以很大程度上提升本国的软实力，同时改变国际环境，进而拓展其国家价值观的影响范围。因此，文化外交作为传统政治外交、经济外交、军事外交的补充部分，具有学理上的意义和实践中的作用。二战结束以来，英国积极主动地重新思考和定位自己的国家利益和外交重点，通过制定和实施文化战略竭力保持其在国际社会事务中的影响力。从这种"软硬兼施"外交政策所取得的良好效果来看，英国的文化外交方略具有值得参考的合理成分，可以为我国未来文化外交提供有益的启示。

---

① 刘吉发、陈怀平编著：《文化产业学导论》，北京：首都经济贸易大学出版社2010年版，第300—301页。

结　论

二战结束至今，英国外交政策主动或被动地演变着，我们可以从政治、经济、安全、国际环境等许多方面解释其深层次的原因。英国文化外交对于维护英国的国家形象和国家利益发挥了重要的作用，从理论和实践两个方面丰富了大国文化外交的研究。鉴于大国文化外交的实践模式普遍处于摸索阶段、文化外交的理论体系尚在不断构建完善之中，进一步深入研究文化外交的思想基础、逻辑形式、特征动因等可以更加全面分析、解释国家的行为模式，甚至对某些外交反应做出预测。本书以英国文化外交为例，试图努力使文化外交这一复杂的外交模式更加清晰或者更加具有操作性；合理强调文化外交在国际政治中的地位和作用；进一步发掘文化外交内涵的软性的权力和资源。系统分析英国的文化外交政策有助于我们从中学习有价值的经验规律，推进中国文化外交方略的完善和成熟。

本书选择了以文化为切入点，尝试探讨英国不同时期外交政策内部蕴含着的那些稳定的和持久发挥作用的文化因素。一方面，文化具有穿越时代、改变世界的力量，研究文化与外交政策的关联有助于更好理解国家行为的价值观原因；另一方面，英国战后的一系列外交政策可以很好诠释英国与国际社会的文化互动和碰撞。通过对英国文化外交脉络的梳理和研究，在理论性的概念分析和实践性的经验梳理的基础上，尝试提炼大国文化外交内在的规律和现象背后的通则。

万事之变源于观念之变，英国历史悠久的文化结构与外交行为有着内在的一致性，引导甚至预设了英国外交的风格和道路。因此，细致剖析英国文化结构的组成要素和作用方式，才能准确把握这些文化基因是如何潜移默化地对外交行为发挥影响，理清英国外交心理的全貌。最后，研究战后英国文化外交的落脚点是为日益走近世界舞台中心的中国提供可以借鉴和学习的思路支持。我们可以从英国文化外交的文化基础、实践模式以及发展脉络中归纳总结出大国文化外交的某些启示，即发掘文化大国的精神财富、重视语言推广的价值，以及发展有竞争力的文化产业。

附　录

历史上英国文化协会经费来源比例一览表[1]

	1978—1979	1986—1987	1987—1988	1988—1989
政府部门拨款总和	82.94%	76.24%	77.46%	76.74%
活动和服务项目收入	17.06%	23.76%	22.54%	23.26%
合计	100%	100%	100%	100%

近几年英国文化委员会经费来源一览表[2]（单位：亿英镑）

	2007—2008	2008—2009	2009—2010	2010—2011	2011—2012	2012—2013
投资收入	1.97	2.08	2.11	1.96	1.88	1.79
服务及活动收入	3.67	4.36	4.95	4.96	5.48	5.99
合计	5.64	6.44	7.06	6.92	7.38	7.81

英国文化委员会2011—2015资金来源规划一览表[3]（单位：亿英镑）

	2012—2013	2013—2014	2014—2015
政府部门拨款总和	1.71	1.62	1.54
活动和服务项目收入	6.39	7.21	8.15
总计	8.10	8.83	9.69

---

[1] 参见茅晓嵩：《英国文化委员会》，载《国际资料信息》2005年第8期，第39页。
[2] BRITISH COUNCIL，Annual Report 2011—2012，pp.67—70，
http://www.britishcouncil.org/sites/default/files/documents/C011_Annual_Report_web%20V12%20240812.pdf。
BRITISH COUNCIL，Annual Report 2012—2013，p.76，
http://www.britishcouncil.org/sites/britishcouncil.uk2/files/annual-report-2012—13.pdf。
[3] BRITISH COUNCIL，Corporate Plan 2011—2015，pp.38—40，
http://www.britishcouncil.org/new/PageFiles/12938/2011—15%20Corporate%20Plan_v2.pdf。

英国文化委员会2012—2013年度英语教学统计数据[①]（单位：百万）

统计项目	人数
政策制定者、政府部长、教师、学习者	1.7
社区在线教师和学习者	3.2
教学中心学习者	0.368
考试候选人	2.37
网站使用者	55.9
观众、听众和读者	143.8

2005—2011年各国招收留学生比例变化情况[②]（单位：百分比）

国家＼年份	2005	2006	2007	2008	2009	2010	2011
英国	12	11	12	10	10	13	13
美国	22	20	20	19	18	17	17
澳大利亚	6	6	7	7	7	7	6
德国	10	9	9	7	7	6	6
法国	9	8	8	7	7	6	6
中国				6	5	5	
日本	5	4	4	4	4	3	4
俄罗斯联邦	3		2	4	4	4	4

[①] BRITISH COUNCIL，Annual Report 2012—2013，p.18，
http://www.britishcouncil.org/sites/britishcouncil.uk2/files/annual-report-2012-13.pdf。
[②] 数据来源为整理经济合作与发展组织2007年至2013年《经合组织教育指标概览》得出。
OECD，Education at a Glance，http://www.oecd.org/education/，2013—10—20。

2010 至 2011 学年获得志奋领奖学金人数情况①

（单位：人）

国家	学者数量	国家	学者数量
中国	99	俄国	14
印度	26	南非	12
韩国	24	津巴布韦	11
埃及	23	伊拉克	10
印尼	21	约旦	10
土耳其	19	尼日利亚	9
巴西	18	叙利亚	8
墨西哥	17	阿富汗	7
巴基斯坦	17	克罗地亚	7
马来西亚	15	利比亚，塞尔维亚，越南，乌克兰，阿根廷，哥伦比亚和埃塞俄比亚	6

2011 至 2012 学年获得志奋领奖学金人数情况②

（单位：人）

国家	学者数量	国家	学者数量
中国	91	阿富汗	14
印度	54	尼日利亚	14
埃及	26	马来西亚	13
韩国	25	俄国	13
印尼	25	叙利亚	12
巴基斯坦	24	肯尼亚	12
墨西哥	20	苏丹	11
巴西	20	南非	11
土耳其	19	也门	10
伊拉克	15	约旦	9

---

① Foreign and Commonwealth Office, Chevening: facts and figures,

http://www.fco.gov.uk/en/about-us/what-we-do/scholarships/chevening/facts-figures/，2013—12—21。

② Foreign and Commonwealth Office, Chevening: facts and figures,

http://www.fco.gov.uk/en/about-us/what-we-do/scholarships/chevening/facts-figures/，2013—10—21。

志奋领奖学金校友社区分布情况[①]

（单位：人）

地区	校友数量	国家	校友数量
亚洲	13753	中国	3055
南美洲与加勒比海地区	5817	印度	1915
欧洲（欧盟国家）	4987	土耳其	1712
欧洲（非欧盟）	4969	墨西哥	1512
非洲	4930	巴西	1369
中东	4220	印尼	1281
澳大拉西亚	798	马来西亚	1250
北美	340	巴基斯坦	1202

2011年英国创意产业服务出口情况[②]

行业	出口额（百万）	占创意产业出口比重（%）	占总出口比重（%）
广告产业	1477	16.6%	1.8%
建筑产业	324	3.6%	0.4%
艺术品和古玩业			
手工工艺业			
设计产业	104	1.2%	0.1%
时尚设计产业	7	0.1%	0.01%
电影、录像和摄影业	1627	18.2%	1.9%
音乐和表演艺术产业	286	3.2%	0.3%
出版业	2631	29.5%	3.1%
软件/电子出版业	215	2.4%	0.3%

[①] Foreign and Commonwealth Office, Chevening: facts and figures, http://www.fco.gov.uk/en/about-us/what-we-do/scholarships/chevening/facts-figures/, 2013—10—21。

[②] Department for culture, media and sport, Creative Industries Economic Estimates Statistical Bulletin 2011, p.16,

http://www.culture.gov.uk/publications/8682.aspx, 2013—12—12。

续表

行　业	出口额（百万）	占创意产业出口比重（%）	占总出口比重（%）
数字和大众娱乐媒体产业	78	0.9%	0.1%
电影、电视产业	2175	24.4%	2.6%
创意产业总计	8923	100.0%	10.6%
英国出口总额	84120		

参考文献

中文专著：

［1］鲁毅等:《外交学概论》［M］,北京：世界知识出版社,1997年版。

［2］蒋孟引:《英国史》［M］,北京：中国社会科学出版社,1988年版。

［3］朱增朴:《文化传播论》［M］,北京：中国广播电视出版社,1993年版。

［4］李智:《文化外交：一种传播学的解读》［M］,北京：北京大学出版社,2005年版。

［5］计秋枫、冯梁等:《英国文化与外交》［M］,北京：世界知识出版社,2002年版。

［6］许文涛:《美国文化外交及其在中国的运用》［M］,北京：世界知识出版社,2008年版。

［7］潘一禾:《文化与国际关系》［M］,杭州：浙江大学出版社,2005年版。

［8］辛灿主编:《西方政界要人谈和平演变》［M］,北京：新华出版社,1989年版。

［9］赵怀普:《英国与欧洲一体化》［M］,北京：世界知识出版

社，2004年版。

[10]赵可金:《公共外交的理论与实践》[M]，上海：上海辞书出版社，2007年版。

[11]《国际文化合作》[Z]，国民政府行政院新闻局印行，中华民国三十六年十月。

[12]范中汇:《英国文化》[M]，北京：文化艺术出版社，2003年版。

[13]钱乘旦等:《日落斜阳：20世纪英国》[M]，上海：华东师范大学出版社，1999年版。

[14]王振华:《英联邦的兴衰》[M]，北京：中国社会科学出版社，1991年版。

[15]王晓德:《美国文化与外交》[M]，天津：天津教育出版社，2000年版。

[16]毕佳、龙志超:《英国文化产业》[M]，北京：外语教学与研究出版社，2007年版。

[17]赵维绥、王文章:《中国文化发展与和谐文化建设》[M]，北京：文化艺术出版社，2007年版。

[18]祁述裕、王列生、傅才武主编:《中国文化政策研究报告》[R]，北京：社会科学文献出版社，2011年版。

[19]张晓明主编:《国际文化产业发展报告》[R]，北京：三辰影库电子音像出版社，2009年版。

[20]张玉国:《国家利益与文化政策》[M]，广东：广东人民出版社，2005年版。

[21]方彦富:《文化管理引论》[M]，福建：海峡出版发行集团、福建教育出版社，2010年版。

[22]姜文斌:《英国公共文化政策创新及启示》，载《中国文化

政策研究报告》[R]，北京：社会科学文献出版社，2011年版。

［23］宫承波、闫玉刚：《文化创意产业总论》[M]，北京：中国广播电视出版社，2008年版。

［24］文化部加快文化产业发展研究课题组编：《当前形势下加快文化产业发展研究报告》[R]，北京：文化艺术出版社，2009年版。

［25］范中汇主编：《英国文化管理》[M]，北京：文化艺术出版社，2000年版。

［26］韩方明主编：《公共外交概论》[M]，北京：北京大学出版社，2011年版。

［27］赵可金：《公共外交的理论与实践》[M]，上海，上海辞书出版社，2007年版。

［28］盛红生：《英国政治发展与对外政策》[M]，北京：世界知识出版社，2008年版。

［29］徐宗华：《现代化的政治文化维度》[M]，北京：人民出版社，2007年版。

［30］倪世雄主编：《我与美国研究：复旦大学美国研究中心成立二十周年纪念文集》[C]，上海：复旦大学出版社，2005年版。

［31］黄力之：《先进文化论》[M]，上海：上海三联书店，2002年版。

［32］王逸舟主编：《全球化时代的国际安全》[M]，上海：上海人民出版社，1999年版。

［33］潘一禾：《文化安全》[M]，杭州：浙江大学出版社，2007年版。

［34］彭新良：《文化外交与中国的软实力：一种全球化的视角》[M]，北京：外语教学与研究出版社，2008年版。

［35］赵立行:《世界文明史讲稿》[M]，上海：复旦大学出版社，2007年版。

［36］俞可平主编:《全球化压力下的世界文化》[M]，南昌：江西人民出版社，2001年版。

［37］张国刚、吴莉苇:《中西文化关系史》[M]，北京：高等教育出版社，2006年版。

［38］俞新天等:《强大的无形力量：文化对当代国际关系的作用》[M]，上海：上海人民出版社，2007年版。

［39］徐宗华:《现代化的政治文化维度》[M]，北京：人民出版社，2007年版。

［40］钱乘旦、许洁明:《英国通史》[M]，上海：上海社会科学院出版社，2002年版。

［41］钱乘旦、陈晓律:《在传统与变革之间：英国文化模式溯源》[M]，南京：江苏人民出版社，2010年版。

［42］管文虎主编:《国家形象论》[C]，成都：成都电子科技大学出版社，2000年版。

［43］李正国:《国家形象构建》[M]，北京：中国传媒大学出版社，2006年版。

［44］李宗桂主编:《儒家文化与中华民族凝聚力》[C]，广州：广东人民出版社，1998年版。

［45］厉无畏主编:《创意产业导论》[M]，上海：学林出版社，2006年版。

［46］金元浦编著:《文化创意产业概论》[M]，北京：高等教育出版社，2010年版。

［47］刘吉发、陈怀平编著:《文化产业学导论》[M]，北京：首都经济贸易大学出版社，2010年版。

[48]陈乐民主编:《战后英国外交史》[M],北京:世界知识出版社,1994年版。

[49]周保巍、成键主编:《欧盟大国外交政策的起源于发展》[C],上海:华东师范大学出版社,2009年版。

[50]张伟武:《文化创意产业研究》[M],北京:中信出版社,2011年版。

[51]吴存东、吴琼:《文化创意产业概论》[M],北京:中国经济出版社,2010年版。

[52]欧亚、王朋进:《媒体应对:公共外交的传播理论与务实》[M],北京:时事出版社,2011年版。

[53]张帆主编:《文化产业与文化创新》[C],镇江:江苏大学出版社,2011年版。

[54]郭梅君:《创意转型:创意产业发展与中国经济转型的互动研究》[R],北京:中国经济出版社,2011年版。

[55]柯亚沙、常禹萌:《从保守绅士到创意先锋:英国创意产业的奥秘》[A],文化部对外文化联络局编:《国际文化发展报告》[R],北京:商务印书馆,2005年版。

[56]殷海光:《中国文化的展望》[M],北京:中国和平出版社,1988年版。

[57]张广智、张广勇:《史学、文化中的文化:文化视野中的西方史学》[M],杭州:浙江人民出版社,1990年版。

[58]郑晓云:《文化认同与文化变迁》[M],北京:中国社会科学出版社,1992年版。

[59]冯绍雷:《国际关系新论》[M],上海:上海社会科学院出版社,1994年版。

[60]徐宗华:《现代化的政治文化维度》[M],北京:人民出版

社，2007年版。

［61］吴克礼主编:《文化学教程》［M］，上海：上海外语教育出版社，2002年版。

［62］杨善民、韩锋:《文化哲学》［M］，济南：山东大学出版社，2002年版。

［63］徐宗华:《现代化的政治文化维度》［M］，北京：人民出版社，2007年版。

［64］李静:《民族心理学教程》［M］，北京：民族出版社，2006年版。

［65］朱威烈主编:《国际文化战略研究》［C］，上海：上海外语教育出版社，2002年版。

［66］王晓德:《美国文化与外交》［M］，北京：世界知识出版社，2000年版。

［67］倪世雄、金应忠主编:《当代美国国际关系理论流派文选》［C］，上海：学林出版社，1987年版。

［68］俞正梁:《当代国际关系学导论》［M］，上海：复旦大学出版社，1996年版。

［69］王立新:《意识形态与美国外交政策——以20世纪美国对华政策为个案的研究》［M］，北京：北京大学出版社，2007年版。

［70］胡键:《中国软力量：要素、资源、能力》［A］，载《国际体系与中国的软力量》［C］，北京：时事出版社。

［71］汪习根:《法治社会的基本人权》［M］，北京：中国人民公安大学出版社，2002年版。

［72］张玉国:《国家利益与文化政策》［M］，广州：广东人民出版社，2005年版。

［73］周永生:《经济外交》［M］，北京：中国青年出版社，2004

年版。

[74]辛灿主编:《西方政界要人谈和平演变》[M],北京:新华出版社,1989年版。

[75]阎照祥:《英国政治制度史》[M],北京:人民出版社,1999年版。

[76]周辅成:《西方伦理学名著选辑》[M],下卷,北京:商务印书馆,1987年版。

中文译著:

[1][英]大卫·休谟:《英国史》(上)(下)[M],刘仲敬译,长春:吉林出版集团有限责任公司,2012年版。

[2][法]路易·多洛:《国际文化关系》[M],孙恒译,上海:上海人民出版社,1987年版。

[3][英]弗朗西丝·斯托纳·桑德斯:《文化冷战与中央情报局》[M],曹大鹏译,北京:国际文化出版公司,2002年版。

[4][印]基尚·拉纳:《双边外交》[M],罗松涛、邱敬译,北京:北京大学出版社,2005年版。

[5][美]迈克尔·H. 亨特:《意识形态与美国外交政策》[M],褚律元译,北京:世界知识出版社,1999年版。

[6][美]塞缪尔·亨廷顿:《文明的冲突与世界秩序的重建》[M],周琪译,北京:新华出版社,2002年版。

[7][美]亚历山大·温特:《国际政治的社会理论》[M],秦亚青译,上海:上海世纪出版集团,2000年版。

[8][美]威·施拉姆:《传播学概论》[M],李彬译,北京:北京大学出版社,2008年版。

[9][美]卡·多伊奇:《国际关系分析》[M],周启鹏等译,北

京：世界知识出版社，1992年版。

［10］［美］罗伯特·基欧汉、约瑟夫·奈:《权力与相互依赖》[M]，门洪华译，北京：北京大学出版社，2002年版。

［11］［英］巴里·布赞、郝德利·布尔:《世界历史中的国际体系：国际关系研究的再构建》[M]，北京：高等教育出版社，2004年版。

［12］［德］安东尼·特茨拉夫:《全球化压力下的世界文化》[M]，南昌：江西人民出版社，2006年版。

［13］［英］戴维·赫尔德:《全球化大变革：全球化时代的政治、经济与文化》[M]，北京：社会科学文献出版社，2001年版。

［14］［英］汤林森:《文化帝国主义》[M]，上海：上海人民出版社，1999年版。

［15］［美］肯尼斯·华尔兹:《国际政治理论》[M]，上海：上海世纪出版集团，2003年版。

［16］［美］大卫·克里斯托:《英语帝国》[M]，郑佳美译，台北：猫头鹰出版社，2002年版。

［17］［美］克利福德·格尔茨:《文化的解释》[M]，韩莉译，南京：译林出版社，1999年版。

［18］［英］塞缪尔·泰勒·科尔里奇:《时论集》[M]，英国威廉皮克林出版社，1850年版，第二卷。

［19］［美］约瑟夫·奈:《权力大未来》[M]，北京：中信出版社，2012年版。

［20］［美］詹姆斯·N.罗西淄:《全球化与世界》[M]，北京：中央编译出版社，1998年版。

［21］［英］罗伯特·詹姆斯编:《丘吉尔演说全集》[M]，(Robert Rhodes James ed., *Winsdon Churchill: His Complete Speeches*

1897—1963）第 7 卷，纽约，1974 年版。

［22］［苏］特鲁汉诺夫斯基:《丘吉尔的一生》[M]，北京：北京出版社，1982 年版。

［23］［美］兹比格纽·布热津斯基:《大棋局：美国的首要地位及其他地缘战略》[M]，中国国际问题研究所译，上海：上海人民出版社，2007 年版。

［24］［美］康威·汉得森:《国际关系：世纪之交的冲突与合作》[M]，金帆译，海口：海南出版社、三环出版社，2004 年版。

［25］［美］约瑟夫·奈:《软力量：世界政坛成功之道》[M]，吴晓辉、钱程译，北京：东方出版社，2005 年版。

［26］［日］金子将史、北野充主编:《公共外交："舆论时代"的外交战略》[M]，《公共外交》翻译组译，北京：外语教学与研究出版社，2010 年版。

［27］［英］霍金斯:《创意经济》[M]，转引自毕佳、龙志超编著:《英国文化产业》，清华大学国家文化产业研究中心，北京：外语教学与研究出版社，2007 年版。

［28］［英］爱德华·泰勒:《原始文化》[M]，连树声译，上海：上海文艺出版社，1992 年版。

［29］［美］爱德华·C.斯图亚特、密尔顿·J.贝尔:《美国文化模式》[M]，卫景宜译，天津：百花文艺出版社，2000 年版。

［30］［澳］罗伯特·霍尔顿:《全球化的影响》[M]，中国现代国际关系研究全球化研究中心，北京：时事出版社，2003 年版。

［31］［日］星野昭吉、刘小林主编:《冷战后国际关系理论的变化与发展》[M]，北京：北京师范大学出版，1999 年版。

［32］［日］平野健一郎:《国际文化理论》[J]，汪婉译，载《国外社会科学》，1997 年第 2 期。

［33］［美］汉斯·摩根索:《国家间政治：权力与和平的斗争》［M］，北京：北京大学出版社，2006年第七版。

［34］［美］汉斯·摩根索:《国际纵横策论：争强权，求和平》［M］，上海：上海译文出版社，1995年版。

［35］［英］F.培根:《新工具》［M］，许宝骙译，北京：商务印书馆，1984年版。

［36］［英］J.D.贝尔纳:《科学的社会功能》［M］，北京：商务印书馆，1982年版。

［37］［英］约翰·洛克:《人类理解力论》，第一卷，转引自《西方哲学原著选读》［M］，北京：商务印书馆，1988年版。

［38］［英］伯特兰·罗素:《西方哲学史》［M］，上卷，北京：商务印书馆，1984年版。

［39］［英］约翰·密尔:《论自由》［M］，北京：商务印书馆，1982年版。

［40］［英］约翰·洛克:《政府论》［M］，下篇，关文运译，北京：商务印书馆，1996年版。

［41］［英］亚当·斯密:《道德情操论》［M］，钦北愚等译，北京：商务印书馆，2009年版。

［42］［英］亚当·斯密:《国民财富的性质和原因的研究》［M］，北京：商务印书馆，1974年版。

［43］［英］霍布豪斯:《自由主义》［M］，朱曾汶译，北京：商务印书馆，2005年版。

［44］［英］爱德蒙·柏克:《自由与传统》［M］，蒋庆、王瑞昌、王天成译，北京：商务印书馆，2001年版。

［45］［英］休·塞西尔:《保守主义》［M］，杜汝辑译，北京：商务印书馆，1986年版。

[46][英]罗杰·斯科拉顿:《保守主义的含义》[M],王皖强译,北京:中央编译出版社,2005年版,中译者序。

[47][美]艾伦·斯凯德、克里斯·库克:《战后英国》[M],英国企鹅出版社,1986年版。

[48][英]T.F.林赛、M.哈林顿:《英国保守党》[M],上海:上海译文出版社,1979年版。

[49][英]边沁:《道德与立法原理导论》[M],时殷弘译,北京:商务印书馆,2000年版。

[50][英]密尔:《功用主义》[M],北京:商务印书馆,1957年版。

[51][美]威利斯顿·沃尔克:《基督教会史》[M],孙善玲、段琦等译,北京:中国社会科学出版社,1991年版。

期刊论文:

[1]俞新天:《国际文化研究初论》[J],载《上海社会科学院学术季刊》,1999年第1期。

[2]麦哲:《文化与国际关系:基本理论述评》[J],载《现代外国哲学社会科学文选》,1997年第4期。

[3]唐小松、王义桅:《美国公众外交研究的兴起及其对美国对外政策的反思》[J],载《世纪经济与政治》,2003年第4期。

[4]孙家正:《不断提高建设社会主义先进文化的能力》[J],载《求是》,2004年第24期。

[5]秦亚青:《世界政治的文化理论》[J],载《世界政治与经济》,2003年第4期。

[6]秦亚青:《国家身份、战略文化和安全利益——关于中国与国际社会关系的三个假设》[J],载《国际关系理论》,2003年第

1期。

［7］李廷江：《探索国际关系的新视角——平野健一郎和他的国际文化理论》［J］，载《国外社会科学》，1997年第2期。

［8］温飚：《从赢得战争到赢得民心——解析主要发达国家的国际广播如何实现有效传播》［J］，载《广播电视学刊》，2004年第9期。

［9］张清敏：《外交政策分析中文化因素的作用与地位》［J］，载《国际论坛》，2003年第5卷第4期。

［10］邢悦：《文化功能在对外政策中的表现》［J］，载《太平洋学报》，2002年第3期。

［11］茅晓嵩：《英国文化委员会》［J］，载《国际资料信息》，2005年第8期。

［12］温飚：《英国广播公司的改革之路》［J］，载《视听界》2004年第5期。

［13］李瑞晴：《海外孔子学院发展浅析》［J］，载《八桂侨刊》2008年3月第1期。

［14］董明庆：《准确定位：中国文化产业跨国营销的第一步》［J］，载《WTO经济导刊》，2004年第9期。

［15］刘永涛：《文化与外交：战后美国对外文化战略透视》［J］，载《复旦学报（社会科学版）》，2001年第3期。

［16］周永生：《冷战后的日本文化外交》［J］，载《日本学刊》，1998年第6期。

［17］李智：《试论美国的的文化外交：软权力的运用》［J］，载《太平洋学报》，2004年第2期。

［18］李新华：《美国文化外交浅析》［J］，载《思想理论教育导刊》，2004年第11期。

［19］金元浦:《美国政府的文化外交及其特点》[J]，载《国外理论动态》，2005年第4期。

［20］张清敏:《全球化背景下的中国文化外交》[J]，载《外交评论》，2006年第2期。

［21］杨友孙:《美国文化外交及其在波兰的运用》[J]，载《世界历史》，2006年第2期。

［22］丁兆中:《战后日本文化外交战略的发展趋势》[J]，载《日本学刊》，2006年第2期。

［23］李德芳:《英国文化外交的世界影响力》[J]，载《当代世界》，2012年第4期。

［24］李艳艳:《关于西方国家公众外交的几点比较》[J]，载《国际论坛》，2006年第1期。

［25］胡文涛、招春袖:《英国与英联邦国家间文化外交评析》[J]，载《欧洲研究》，2010年第2期。

［26］招春袖、胡文涛:《英国构建国际形象的文化外交战略》[J]，载《国际新闻界》，2011年第10期。

［27］刘乃京:《文化外交:国家意志的柔性传播》[J]，载《新视野》，2002年第3期。

［28］阿卡迪·罗塞夫:《英国的经济地位和英国政策》[J]，王克勤译，载《世界知识》，1954年第19期。

［29］韩玉贵:《非传统安全威胁上升与国家安全观念的演变》[J]，载《教学与研究》，2004年第9期。

［30］沈嵌:《重塑品牌形象（一）:塑造"英国"品牌之一》[J]，载《中国外资》，2000年第4期。

［31］王振华:《英国外交的几个问题》[J]，载《浙江学刊》，2003年第3期。

［32］石同云：《论新工党的英国特性观》［J］，载《国际论坛》，2009年第11卷第2期。

［33］李廷江：《探索国际关系的新视角》［J］，载《国外社会科学》，1997年第2期。

［34］徐大同：《政治文化民族性的几点思考》［J］，载《天津师范大学报》，1998年第4期。

［35］陈钢：《试论国际关系中的国家意识形态》［J］，载《青海师专学报》，1999年第3期。

［36］门洪华：《软实力与国际战略》［J］，载《当代世界》，2008年第9期。

［37］徐波：《当代英国海外英语推广的政策研究》［D］，西南大学博士学位论文，2009年。

［38］曹杰旺：《关于英语霸权时代民族语言文化保护的思考》［J］，载《当代世界与社会主义》，2005年第4期。

［39］王甜：《浅议中世纪英国贵族精神中的社会责任感》［J］，载《海外英语》，2011年第1期。

［40］胡文涛：《解读文化外交：一种学理分析》［J］，载《外交评论》，2007年第3期。

［41］门洪华：《软实力与国际战略》［J］，载《当代世界》，2008年第9期。

［42］谢晓娟：《论软权力中的国家形象及其塑造》［J］，载《理论前沿》，2004年第19期。

［43］谭明方：《论"社会行为"与"制度文化"——兼论社会学的研究对象》［J］，载《浙江学刊》，2001年第3期。

［44］牟钟鉴：《宗教文化论》［J］，载《西北民族大学学报（哲学社会科学版）》，2012年第2期。

［45］杨志刚、魏学江:《布莱尔"第三条道路"引导下的英国外交》[J]，载《辽宁教育行政学院学报》，2004年第5期。

［46］张惠玲、杨艳:《论英国近代均势外交政策及其文化渊源》[J]，载《金华职业技术学院学报》，第5卷第4期。

［47］缪开金:《中国文化外交研究》[D]，中共中央党校博士学位论文，2006年。

［48］于萍:《民国时期留英教育对中国高等教育近代化的影响研究》[D]，东北师范大学硕士学位论文，2008年。

［49］[美]麦哲:《文化与国际关系：基本理论述评（上）》[J]，载《现代外国哲学社会科学文摘》，1997年第4期。

［50］[美]艾伦·卡尔森:《建立新的国际政治结构理论》[J]，秦亚青译，载《欧洲》，2001年第3期。

英文文献：

[1] Arthur H. Westing, *Global Resource and International Con ict-Environmental Factors in Strategic Policy and Action*, (Oxford University Press, 1986).

[2] Richard T. Arndt, *The First Resort of Kings: American Culture Diplomacy in the Twenty Century*, (Washington, D. C.: Potomac Books, Inc., 2006).

[3] J. M. Mitchell, *International Culture Relations*, (Allen & Unwin Publishers Ltd., 1986.).

[4] Joseph, S. Nye, "Soft Power", *Foreign Policy*, fall 1990.

[5] David Dimmleby & David Reynolds, *An Ocean Apart: The Relationship Between Britain and American in Twentieth Century*, (New York: 1988).

[6] British Council, *The Image of Britain in the Balkans and Russia*, (London: British Council, 1999).

[7] British Council, *Through other eyes: How the World See the United Kingdom*, (London: British Council, 1999).

[8] John Donald BruceMiller, *The Commonwealth in the World*, (Harvard University Press, 1965 3rd Edition).

[9] Frances Donaldson, *The British Council: The First Fifty Years*, (London: Jonathan Cape Ltd, 1984).

[10] Frank A. Ninkovich, *The Diplomacy of Ideas: U.S. Foreign Policy and Cultural Relations, 1938—1950*, (Cambridge: Cambridge University Press, 1981).

[11] Barber B Conable Jr, David M Lampton, "China: The Coming Power", *Foreign Affairs*, winter, 1992/1993.

[12] Kevin V. Mulcahy, "Culture Diplomacy and the Exchange Programs: 1938—1978", *The Journal of Arts Management, Laws, and Society*, Vol. 29, NO. 1, Spring 1999.

[13] Report of the British Economic Mission to South America, 18 January 1930, Public Record Office, Foreign Office 371/14178, A 1908/77/51.

[14] Frank Ninchovich, *U.S. Information Policy and Cultural Diplomacy*, Headline Series No. 308, Foreign Policy Association, New York, NY, 1996.

[15] Samuel Kim ed., *China and the World: Chinese Foreign Relations in the Post-Cold War Era*, 3rd ed. (Boulder: Westview Press, 1994).

[16] Robert Keohane and Joseph Nye, "Power and Interdependence

in the Information Age", *Foreign Affairs*, September / October 1998.

[17] Akira lriye, *Culture and International History.* in Michael J. Hogan and Thomas G. Paterson (eds.), *Explaining the History of American Foreign Relations.* Cambridge: Cambridge University Press, 1991.

[18] Ali A. Mazrui, *Cultural Forces in World Politics.* NewHampshire: Heinemann Educational Books Inc., 1990.

[19] Joshua Muravchik, *Exporting Democracy*, Washington D.C: American Enterprise Institute Press, 1991.

[20] Joseph S. Nye, Jr. and William A. Owens, "America's Information Edge", *Foreign Affairs*, (March–April) 1996.

[21] G. Thomas Paterson, *Meeting in Communist Threat.* NewYork: Oxford University Press, 1988.

[22] Public Papers of the President of the United States, Ronald Reagan. Washington D.C.: U.S. Government Printing Office, Book I, 1984.

[23] Robert H. Thayer, "America's Cultural Relations Abroad", (November 5, 1959), in *The Annuals of America*. Chicago: Encyclopaedia Britannica, Inc., Vol. 17, 1976.

[24] Minglang Zho, Heidi A. Ross, *Introduction: The Context of Theory and Practice*, M. Zhou, *Language Policy in the People's Republic of China: Theory and Practice since 1949*, Kluwer Academic Publishers, 2004.

[25] Paradise, James F. 2009. "China and International Harmony: The Role of Confucius Institutes in Blolstring Beijing's Soft Power", Asoam Sirnet. Vol.49.Issue4.

［26］Drogheda Report Summary, The Report of the Independent Committee of Enquiry into the overseas Information Services, London: HMSO, 1954.

［27］Charles Wolf, Jr. and Brian Rosen, "Public Diplomacy: How to Think About and Improve It ", *Rand-Initiated Research*, Santa Monica, 2004.

［28］Joseph S. Nye, Jr., "Soft Power", *Foreign Policy*, Issue 80, Fall 1990, pp.153—171; Joseph S. Nye, Jr., Bound to Lead: The Changing Nature of American Power, pp.29—35, p.188, p.297; Joseph S. Nye, Jr., The Paradox of American Power: Why the World's Only Superpower Can't Go It Alone, New York: Oxford University Press, 2002.

［29］P. Hain, "The End of Foreign Policy?", Speech to the Royal institute of International Affairs, London: RIIA, Green Alliance and the Fabian Society, 2001.

［30］Roland H. Elbe, Raymond Taras, James D. Cochrane, *Political Culture and Foreign Policy in Latin America*, State University of New York Press, 1991.

［31］A. Inkelec, "National Character and Modern Political Systems", Francis. K. Hsu, ed., *Psychological Anthropology*, Cambridge, 1971.

［32］Judith Goldstein and Robert O. Keohane, eds., *Ideas and Foreign Policy: Beliefs, Institutions, and Political Change*, Ithaca and London: Cornell University Press, 1993.

［33］Frank Ninkovich, "Culture in U.S. Foreign Policy Since 1900", in Jongsuk Chay, ed., *Culture and International Relations*, New York, 1990.

[34] Carolina Ware, *The Cultural Approach to History*, Columbia University Press, 1940.

[35] Jongsuk Chay (ed.), *Culture and International Relations*, New York: Praeger Publishers, 1990.

[36] Charles L. Coehran and Eloise F. Malone, *Pubic Policy: Perspectives and Choices*, The McGraw-Hill Company, Inc., 1999.

[37] Chas. W. Freeman, Jr., *Arts of Power: Statecraft and Diplomacy*, Washington, D.C.: United States Institute of Peace Press, 1997.

[38] J. M. Mitchell, *International Culture Relations*, Allen & Unwin Publishers Ltd., 1986.

[39] Kevin V. Mulcahy, "Cultural Diplomacy in the Post-Cold War World: Introduction", *The Journal of Arts Management, Laws, and Society*, Vol.29, No.1 (Spring, 1999).

[40] Karl Deutsch, *The Analysis of International Relations*, Englewood Cliffs, Prentice Hall, 1988.

[41] Robert Keohane and Josehp S. Nye, "*Power and* Interdependence in the Information Age", *Foreign Affairs*, September/October 1998.

[42] Samnel P. Huntington, *Clash of Civilizations and the Remaking of World order*, Newyork: Simon & Schuster, 1996.

[43] Blaug, Mark, *Economic theory in retrospect*, Cambridge, UK: Cambridge University Press, 1985.

[44] Robert Nisbet, *Conservatism*, University of Minnesota Press, 1986.

[45] A. Quinton, *The Politics of Imperfection: The Religious and Secular Traditions of Conservative Thought from Hooker to Oakeshott*,

London，1978.

网络资源：

[1] 中国政府网：http://www.gov.cn/.

[2] 中华人民共和国外交部：http://www.fmprc.gov.cn.

[3] 中华人民共和国财政部：http://wzb.mof.gov.cn.

[4] 英国外教与联邦事务部：www.fco.gov.uk.

[5] 英国文化协会官方网站：http://www.britishcouncil.org.

[6] 英国国家档案馆官方网站：http://www.nationalarchives.gov.uk/.

[7] 英国文化协会中国办公室官方网站：http://www.britishcouncil.org.cn/zh/china.htm.

[8] 新华网：http://www.xinhuanet.com/.

[9] 中国政协新闻网：http://cppcc.people.com.cn/GB/34961/90780/90789/6030231.html.

[10] 文化管理传播网：http://www.yinxiangcn.com/xueshu/200703/2886.html.

[11] 中国传统文化网：http://www.chuantongwenhua.cn/，2011—10—30.

[12] 文化媒体体育部官方网站，www.culture.gov.uk.

[13] Wikipedia：BBC 网站链接：http://en.Wikipedia.org/wiki/BBC.

[14]《胡锦涛出席中国人民对外友好协会成立50周年庆祝大会并致词》[N]，《人民日报》2004年5月21日。

[15] 孟晓驷：《锦上添花：文化外交的使命》[N]，《人民日版》2005年11月11日，第7版。

［16］吴西平:《英国文化委员会：架起文化交流与出版合作的桥梁》[N],《中国图书商报》。

［17］陶明远、杨贵山:《英国文化委员会与书业的不解之缘》[N],《中国图书商报》2002年4月16日。

［18］宗河:《英国文化产业掠影》[N],《中国文化报》2003年7月26日,第3版。

［19］Foreign&Commonwealth Office: Foreign and Commonwealth Office Annual Report 2003: http://www.fco.gov.uk/resources/en/pdf/7179755/2003_feb_twelfth_report.

［20］Frances Donaldson. The British Council-the First Fifty Years. London: Jonathan Cape Ltd, 1984: 1—2.British Council. Our vision, purpose and values.

http://www.britishcouncil.org/new/about-us/who-we-are/vision-purpose-and values.

后　记

　　本书是在我的博士学位论文基础上修改而成的，前后经历5年得以完成。这期间要感谢我所在单位——中共四川省委党校的领导和同事们，各位前辈一直鼓励我坚持所学所专，珍惜自己的每一份成果，于是有了将论文出版的想法。

　　书稿完成凝聚了诸多师长和亲朋好友的关爱。这里首先要感谢我的博士生导师王红续教授，王老师严谨的治学精神、谦逊的为人原则使我受益匪浅。从踏入师门那一刻起，王老师就尽心竭力培养指导我，从他那里不仅可以获得精深的专业理论知识，更重要的是养成对问题进行敏锐思考的习惯。在论文写作过程中，王老师与我反复讨论选题的方向，由表及里地细致分析论文的结构和逻辑，每一次与老师的对话都能使我对论文的主旨和内容把握更加准确。初稿完成后，王老师更是投入大量的时间和精力仔细阅读，提出详细的修改意见，使得论文的内涵和表述都更为深刻。在王老师身边学习的三年，老师亦师亦友、耐心倾听、因材施教、激发潜力，所思、所言、所传都让我深受启迪并让我受益终生。我获得的每一份进步和成绩无不凝结着王老师的心血和教诲。王老师以他严肃的科学态度，严谨的治学精神，精益求精的工作作风，深深地感染和激励着我。在此谨向王老师致以诚挚的谢意和崇高的敬意！

　　我还要特别感谢我的博士同学，也是本书的责任编辑王海腾博士，感谢她在求学阶段与我相伴而行，也感谢她为了本书顺利出版付出的辛苦和心血。从校园到工作岗位，虽然天各一方，但仍然可以一起欢笑、一起付出,这份沉甸甸的友情是我生活中珍贵的财富。

最后,我要感谢我的家人。我的父母和爱人,还有我的宝贝女儿。是他们的牵挂和关怀支撑我走过漫漫求学路,并一直对我的工作给予毫无保留的支持。家庭的温馨与和谐,家人的体贴、理解、鼓励和帮助给予我面对困难的勇气,我的每一点进步都是因为你们期待和信任的目光。

由于时间及能力有限,研究经验尚需积累,所以本书在挖掘主题深度、逻辑建构严密程度、论据资料收集完整度、论证的准确性和充分性方面都还有进一步提升空间。特别是,做好英国文化外交政策研究需要更多地从实践中总结归纳大国文化外交的一般规律,需要整理大量的原始档案才能得出更加客观全面的结论,这些都成为本书在写作过程中遇到的很难解决的问题。如何更好地将理论和实践相结合,如何更有效地获得和利用研究资料,是进一步做好研究的努力方向。不足之处请专家学者指正。

作者
2019 年 6 月